O doente

André Viana

CB124376

COSACNAIFY

Para Jojô, Joaquim e Dora, meus antídotos.
Para Cacilda e Tonho, pelos caminhos.
Para Stelio, meu irmão.

O homem é essencialmente um enfermo.

Thomas Mann, *A montanha mágica*

TRANSCRIÇÃO

— —
— —
— —
— —
— —
— — — — — — — — — — — — — — — — de que somos nossa infância. Foi numa entrevista que vi, domingo passado, na televisão, de um psicanalista. O papo era o de sempre: castração, frustração, teoria dos instintos, fase anal, o menino é pai do homem, essas coisas. Mas me chamou a atenção porque foi no dia em que a gente marcou essa conversa. Começou a gravar? Então antes eu gostaria de ler uma frase pra você. Se um dia alguém escrever minha história, seria uma possível epígrafe.

Acho que uma série de motivos me impediria de escrever um livro. Primeiro por questão de distanciamento, que seguramente não tenho. Na verdade, seria o contrário: proximidade excessiva. Depois porque, já começo assim, não vale rir, muitas vezes sinto profunda pena de mim. S. chama isso de síndrome de Cristo. Ele diz que eu sou não a encarnação, mas a encanação de Jesus. Tem sua graça, claro, mas tem também um lado grave porque de certa forma influencia, se não todos, muitos dos meus passos, e eu teria medo que influenciasse minha escrita também, o que inevitavelmente desaguaria em algo piegas, e eu digo isso porque minha escrita já tem uma tendência natural à pieguice.

Por outro lado, essa pena que sinto de mim, toda essa minha autocomiseração, gosto da palavra, autocomiseração, toda essa minha autocomiseração acho que terminei por transformar em excesso de autoconfiança. Como modo de acreditar em alguma coisa, não sei se dá pra entender o que eu quero dizer.

Eu não tenho ideia da medida, se é que essa medida existe, entre autoconfiança e arrogância. Sem dizer que escrever tem outro tanto de egocentrismo, e mesmo se fosse só isso, acho que ainda assim teria vergonha.

É estranho porque acredito seriamente que preciso me justificar de saída, não sei se pra você, que nem me conhece, ou se pra mim, que provavelmente também não me conheço, o fato da gente estar agora, aqui, gravando essa conversa. O que posso dizer desde já é que fico muito agradecido pelo convite. Eu realmente atingi um ponto em que não dá mais pra ficar quieto. A gente vai vivendo, vai cruzando algumas fronteiras, acumulando um monte de ideia errada, chega uma hora em que é preciso expurgar, se livrar do excesso. Existe um tipo de bagagem que não serve mais, mas a gente continua carregando assim mesmo.

Não acredito, nunca acreditei que amigo é o melhor ralo pra despejar nossas angústias. Na verdade, às vezes tenho a impressão de que amigo não tem muito ouvido, ou paciência, ou coragem, sei lá, pra conversar sobre certos assuntos. Tenho alguns amigos que amo, claro, como se fosse família, mais até talvez, mas mesmo assim acho que eu não me.

S. me falou muito bem de você, que você adora ouvir histórias, que tem bom humor também, isso pra mim, humor é essencial, principalmente com as desgraças. *Ridendo dicere severum*, rindo dizer coisas sérias, é isso. Dos seus textos e reportagens que S. me mostrou, eu vi que você é dessa linha. Deixa eu pegar lá no quarto o livro da minha epígrafe, só um instante.

Aqui, *A montanha mágica*. Vamos sentar?

Sim, outra coisa importante de dizer: nunca fui chegado a terapia, psicanalista, divã, essas coisas. Acho a situação teatral demais pra acreditar. E ainda pagar por isso. Pagar pra me levar a sério. Mesmo numa conversa de certo modo inusitada como esta, confesso que me sinto muito mais à vontade em falar de mim pra um colega jornalista que se interessou pela minha história, seja lá Deus que personagem S. vendeu pra você, do que pra alguém que vai encostar o ouvido aqui no meu murinho de lamentações e ainda faturar, sei lá, duzentos, trezentos reais depois de uma hora rabiscando a lista de compras num caderninho, enquanto eu ali, pesando se suicídio é fuga ou solução, essa imagem não é minha, é de Nanni Moretti no *Quarto do filho*.

Li uma vez que a psicanálise não é o melhor meio de se fazer amar. Foi o próprio Freud quem disse isso. Eu acho perfeito. Aquele quadrinho ali na parede, aquele ali, é, vá lá ver. Diz assim: *L'amour, c'est pas grave*. Sempre li como um diagnóstico clínico. Mais ou menos como "É amor, não é nada muito sério". Gosto disso. Embora, veja bem, embora Thomas Mann diga, e eu acredito nele, que toda doença é amor transformado.

No fundo, acho que eu não faço, pega aquele cinzeiro ali, por favor, ali, obrigado. Você fuma? No fundo, acho que não faço análise não porque não acredite, mas justamente porque tenho medo do que posso encontrar.

Todo mundo acha que eu preciso de ajuda. Eu também acho que eu preciso de ajuda. Todo mundo precisa de ajuda. Além do mais, minha história. Diz uma coisa, o que você acha de envernizar um pouco o verbo pra gente começar? Eu. Muito bem. Gosto assim, quando não precisa convencer. Pego gelo, copo, você, como é, desliga o gravador ou.

Vamos lá. Se um dia eu escrevesse minha história, ela teria como ponto de partida a morte do meu pai. No dia do meu aniversário de onze anos.

Bom começo, não?

Meu pai viveu doente quase dois anos antes de morrer. Desde o início todo mundo sabia que ele iria morrer. *Maktub*, estava prescrito. Ele próprio dizia que a morte precisava ser vivida, saboreada, curtida, quer mais gelo? Meu pai adorava descrever pra mim e meu irmão tudo o que sentia, fazia boletins diários, pregava que a doença dele era a parte mais importante da nossa educação, que o corpo são é nosso único bem material, que adoraria se a gente guardasse o que ele tinha aprendido tentando sair da armadilha. Sair da armadilha. Ele usava muito essa expressão. Minha mãe tinha pavor dessas conversas, mas nunca interferia. Saía do quarto toda vez que meu pai iniciava a pregação. Mas eu digo que ele nunca obrigou a gente a nada. O artista é sua plateia, não é assim? Eu e meu irmão, a gente ficava fascinado. A gente se emocionava, sério, a gente chorava de emoção com as descrições dele, sempre enfáticas, virulentas às vezes. Ele falava muito dos cheiros, do gosto, dos sons que a aproximação da morte produzia, nos impressionava profundamente aquela teatralização da doença, eu e meu irmão, assim, os olhos pregados em cada tosse dele, cada puxada de ar, cada parada, cada gemido. Tinha horas em que ele ingressava num discurso desvairado sobre a depreciação da morte, por que as pessoas dão valor apenas à vida, o que ela teria de melhor pra isso, vida e morte são apenas dois pontos de vista sobre o mesmo assunto.

Em suma, um homem essencialmente sensato, o pai.

Da vida dele, na realidade, sei coisas esparsas, histórias que ele contava. Até hoje minha mãe não consegue falar muito sobre ele. Sei que era italiano, de Verona, nunca soube se tinha irmãos ou pais vivos, ele nunca falou da família em casa, até onde lembro. Tinha umas cartas que ele sempre levava ao Correio, eu devia ter uns seis pra sete anos e lembro de ir com ele às vezes, mas nunca me perguntei pra quem seriam.

Ele contava que tinha desembarcado no porto de Santos vindo de Nova York, sozinho, com dezoito ou dezenove anos, apenas com uma valise na mão e um chapéu puído. Não me pergunte o que ele fazia nos Estados Unidos nem por que tinha ido parar lá. Eu sei que chegou aqui como amestrador de pulgas. A tal valise dele. Essa história é legal. Meu pai adorava ir a bares puxar conversa com esses seres solitários da noite, as criaturas abissais, como chamava. Ele dizia que era das experiências mais ricas, não era rica que ele dizia, das mais prolíficas que uma pessoa podia ter. Numa noite, em Nova York, num bar, ele conheceu um amestrador de pulgas. O cara estava meio depressivo, sei lá, acho que tinha acabado de ser despedido de alguma boate, enfim, uísque vai, ele pediu a opinião do meu pai sobre a ideia de vender as pulgas, uísque vem, meu pai comprou o pulguedo inteiro. Sério! Junto, veio um cirquinho em miniatura com trapézio, cama elástica e jaula. Você ri, não é? No dia seguinte, o sujeito deu um workshop rápido e, pimba, meu pai era amestrador de pulgas.

Ele brincava dizendo que havia aportado no Brasil em turnê internacional. Realmente, chegou aqui assim. O detalhe era que ele só viajava clandestino. Meu pai rodou mundo e meio em porão de navio. Bom, aí desembarcou em Santos, pegou o trem, saltou aqui em São Paulo, se instalou na pensão de uma velha no Brás que segundo ele fazia uns ovos estrelados no mesmo formato de uma ferida que tinha na perna, e aí pra começar a fazer sucesso com as pulgas foi um pulo. Só se apresentava pra famílias ricas, isso eu lembro de ele contar em cima do sofá, empolgado. Saía de porta em porta distribuindo panfletos de suas apresentações que ele mesmo desenhava e mandava imprimir. Paulista, Pacaembu, Campos Elísios, Higienópolis. Meu pai frequentou tanto a aristocracia paulistana que ficou amigo da dona Olívia Guedes Penteado. Ela já devia ser uma senhora, mas se brincar, ele até. Sério, não sei, mas foi através dela que meu pai conheceu Mário de Andrade. Existe uma carta, minha mãe tem ela guardada, na qual Mário se refere a meu pai como o "mocetão trequetreque, que dava espiada nas moças". Denúncia pesada. Mas meu pai se orgulhava. Nessa carta, Mário de Andrade descreve meu pai como "o espírito que ouve". Suponho que eles tivessem conversas de alcova modernista, algo assim. "O segredo é a maior virtude de um homem." Meu pai falava isso muito pra gente.

Bom, então com as pulgas ele começou a juntar um dinheiro razoável, fazendo apresentação pra grã-finagem. Um tempo atrás, achei na internet uma reportagem nos arquivos da *Folha* que falava do meu pai e suas pulgas amestradas, depois se você quiser a gente entra ali pra ver.

Não sei. Um ano, dois, talvez, não sei. Só sei que um dia ele passou as pulgas adiante, estou resumindo a história até porque não sei muito mais, trocou São Paulo por uma cidade do interior, cujo nome eu gostaria que você preservasse, e resolveu se meter com cinema. Quando ele chegou, ainda não havia cinema por lá, cinema era boa promessa na época e uma paixão dele de menino. Com o dinheiro das pulgas, comprou uma salinha no centro da cidade, reformou, fez chegar daqui de São Paulo algumas poltronas, projetor, tudo de segunda mão, e abriu o novo negócio.

Ele contava que no início acumulava a função de bilheteiro, projecionista e pipoqueiro. Do próprio cinema. Não tinha um único funcionário pra ajudar. Maravilhoso, não? E foi assim até minha mãe, que era frequentadora e morava na mesma rua do cinema, um dia perguntar se ele precisava de ajuda. E aí ele aceitou. Pouco tempo depois se casaram.

Eu e meu irmão nascemos no cinema, crescemos no cinema, morando no mesmo prédio, no primeiro andar. Meu irmão e minha mãe ainda moram lá, o cinema ainda está lá, igualzinho. Minha mãe hoje cuida do que pode, eu ajudo no que posso à distância e meu irmão. Eu já falo do meu irmão, mas adianto que nossa relação hoje lembra um pouco a mamãe do conto "A saúde dos doentes", de Cortázar, já leu? É um sentimento parecido, uma sensação de que meu irmão morreu, mas continuo recebendo notícias dele.

Sobre minha mãe, não sei se vai parecer barroquismo o que vou dizer, mas a impressão que tenho é que ela vive num tempo que não é aqui. Minha casa, a casa onde cresci, minha antiga casa, flutua numa espécie de temporalidade ortogonal, presente e passado se cruzam no espaço, mas não se tocam, não sei se dá pra entender. É a sensação que tenho toda vez que vou lá, uma sensação esquisita. Tudo continua como meu pai gostava que as coisas estivessem, os móveis afastados da parede, o telefone cinza de disco, as revistas no cesteiro com uma programação antiga, o toca-discos, o nível do uísque intocado, uma atmosfera de casa comunista misturada a um futurismo retrô, tudo recoberto por uma película de decadência, algo assim.

E meu quarto, também intocado, os livros empilhados sobre a escrivaninha, como se eu fosse sentar ali a qualquer momento pra estudar, e sempre que vou lá, engraçado, é como se a casa atiçasse em mim uma curiosidade mórbida, sempre que durmo lá, é estranho, tem uma coisa que me faz mal, que de certa forma — — — — — — — — — —
— —
— —
— —
— —
— —
— —
— —
— —
— —
— — — — — — — — — ainda usava uns cadarços ridículos, só eu mesmo pra usar um negócio daqueles, todo mundo

adorava fazer troça. Vai ver já naquele tempo eu me sentia digno de ser um personagem ridículo.

Mas aí na metade da aula de ciência, a primeira da tarde, a coordenadora pôs a cara na porta e chamou meu nome. Lembro de ficar surpreso, não sei se por presumir o assunto ou por não suspeitar do que se tratava. Eu me levantei e ela me disse meio ríspida assim: "Recolhe suas coisas, vem comigo!". Todo mundo olhava pra mim, aquele silêncio, como se eu fosse o único a não saber o que estava acontecendo. Senti na hora como se uma anestesia mal dada, não sei, minhas pernas, a respiração, minhas gengivas, lembro de uma sensação de formigamento nos dentes, de um suor nas mãos que não me deixava prender os livros, na época eu usava um elástico de sutiã velho de minha mãe pra amarrar os livros, e eu não conseguia amarrar a porra dos livros.

Quando saí da sala, vi a coordenadora junto do meu irmão, que chorava. Não tive tempo de perguntar coisa alguma porque logo minha mãe apareceu no alto da escada, amparada pelo diretor, as mãos no rosto, assim, também chorando, uma cena trágica, isso ficou bem marcado, como num filme. Mas ninguém. Mesmo quando a gente já estava na rua, seguindo pro hospital, minha mãe continuou em silêncio.

Lá pelas cinco e meia, seis da tarde, aconteceu que a porra da minha sala inteira apareceu no hospital. Algum espírito caridoso fez o favor de organizar a entrada dos meus coleguinhas de sala, dois a dois, pra espiar a porra do caixão. Entravam dois, olhavam meu pai, me cumprimentavam, saíam. Entravam dois, olhavam meu pai, me cumprimentavam, saíam. Mais dois, entravam, cumprimentavam, saíam. Uma cena interminável. Tenho uma lembrança. Eu não consigo. Eu odiei toda aquela teatralização. Eu olhava em volta e sentia ódio das enfermeiras, todas gordas, ódio dos médicos, uns curiosos no vão da porta, tudo meio felliniano. Eu queria chorar, mas não conseguia. Só depois fui chorar, bem depois, já ritualizado por minha mãe, ela que ritualiza a morte do meu pai até hoje.

No velório, não. No velório ela estava até que contida. Mas no enterro, meu amigo, a mulher tinha um choro tupinambá, convulso, de bater cabeça, na hora de baixar o caixão. Acho que eu também chorava nessa hora, mais por vergonha do que por meu pai, talvez.

Porque a gente já vinha em clima de velório. No espaço de um ano, conseguimos enterrar minha avó, mãe da minha mãe, uma tia, irmã da minha mãe, e meu pai. Mas o baque mesmo foi meu pai.

Só pra você entender, sabe quantas vezes por dia minha mãe levava a gente ao cemitério? Veja bem, eu perguntei por dia, não por semana ou por mês. Três vezes. Por dia! Será que tenho familiaridade com cemitério? A escola e o cemitério ficam perto de casa, então era de manhã depois do café, no início da tarde, antes de ir pra aula e na saída da escola.

Uma imagem clara pra mim dessa época? Deixa eu pensar.

Acho que eu me equilibrando no trilho do trem, a caminho do cemitério. Lembro da minha mãe na frente, no seu passinho marcado típico, eu e meu irmão atrás, apostando quem andava mais tempo sobre os trilhos. Enquanto ela ajeitava as flores no túmulo e chorava, a gente gostava de brincar de vivo ou morto com os filhos do dono da funerária. Às vezes, isso mais no início, aos poucos foi virando parte integrante do programa, ela aproveitava e nos levava pra visitar a família do dono da funerária. Eles moravam dentro do cemitério. A janela da sala dava pros túmulos mais antigos. Palavra!

O cara era dono da principal funerária e administrador do cemitério da cidade. Devia ter um acordo com a prefeitura pra não pagar aluguel, não sei, nunca entendi direito como funcionava aquilo. Minha mãe tinha um flerte subliminar com ele. Subliminar porque ele era casado, ainda é, com a mesma mulher, e aí você entende por que não falo o nome. Se bem que a funerária. Caralho, essa merece, foda-se! Imagine você que o sujeito batizou a funerária com o sobrenome dele: Funerária Nascimento! Dá pra acreditar? Funerária Nascimento! Juro! Está lá até hoje.

Ele e minha mãe nunca prosperaram, o que sempre lamentei. Eu gostava dele, acho que meu irmão também. Ele foi bem importante pra gente. À medida que ia enterrando minha família, ele foi nos acolhendo, a mim e a meu irmão, está gravando? Ele foi nos acolhendo.

Pra gente? Não. Deve ter tido seus namoricos em algum momento, imagino. Mas pra gente não, ela nunca oficializou nenhuma relação. O Heitor, talvez. Mas nunca nada verbalizado. Ela e Heitor são amigos até hoje, ele vai muito lá no cinema, parece que gosta de verdade de filme, não é só pra ver minha mãe, como achei durante anos. Nunca vi os dois se beijando, no máximo de mãos dadas. A cena era meio aflitiva porque ele tem um tremor nas mãos. Aquilo pode ser bom na putaria, mas pra andar de mãos dadas não dá muito certo. A história que minha mãe conta é que ele foi arremessado na parede por um tio alcoólatra quando era bebê e aí ficou com sequela, motora ou psíquica, aí já não sei.

A diferença do Heitor em relação ao dono da funerária, e acho também que o grande empecilho pra ele e minha mãe nunca terem levado nenhum sentimento adiante, era que havia as famílias no meio. Tinha umas pescarias. Outro dia até lembrei dessas pescarias. Foi nessa época que Ulisses começou a botar os olhinhos pra fora d'água, pensei agora na Isadora Ribeiro naquela abertura do *Fantástico* misturada com Martin Sheen em *Apocalipse Now*.

Ulisses é o caçula do dono da funerária. Ele é três dias mais novo que eu. Quando meu irmão começou a apresentar os primeiros sintomas, coisa de um ano depois da morte do meu pai, o dono da funerária passou a obrigar os filhos a nos visitar em casa todos os dias. Helena, que é a irmã mais velha de Ulisses, foi umas poucas vezes. Depois de um tempo, só Ulisses continuou frequentando nossa casa.

Um dia, meu irmão e mais dois pegaram Ulisses na sala de casa. Me puseram de vigia pra minha mãe não chegar de surpresa, e eu fiquei ali, feito um espantalho, sem saber o que vigiar. A regra era cada um por si, Ulisses por todos. Pra todos os efeitos, só tinha macho na sala. Eu lembro que Ulisses pedia pra trocar, aí os meninos diziam assim: "Opa! Viadagem pra cá, não!".

Minhas primeiras vezes com Ulisses foram no trilho do trem, atrás do cemitério. A sacanagem foi se aprofundando gradativamente, mas aí já dentro do cemitério, setor 2B, dos túmulos mais novos, com vista pra janela do quarto de Helena. Bicho, se Helena soubesse quantas punhetinhas já não bati espiando ela trocar de roupa escondido atrás de alguma lápide.

Mas era estranho aquilo tudo pra mim. Pra Ulisses também, imagino. Mas talvez fosse essa estranheza que atraísse a gente, não sei, era divertido. Sexo e morte nunca coabitaram tão pacificamente. Eros enrabando Tânatos.

Ulisses era um menino atraente. Ele tinha uma delicadeza, lembrava um pouco o Tadzio de *Morte em Veneza*. A turma jogava tacobol na rua, e ele ia sempre com um shortinho curto, bem da época, bem *seventies*. Eu tinha uns pensamentos eróticos com aquele short.

Que a gente se conheceu? Não. Foi antes do meu pai morrer. Mas a primeira vez que vislumbrei Ulisses, vislumbrei, quero dizer, a primeira vez que ele me acionou uma chavinha, foi no velório do meu pai. O dono da funerária sempre levava os filhos aos velórios que organizava. Desse dia, eu retive uma cena, quase uma fotografia.

Meu pai no caixão, em primeiro plano, desfocado, Ulisses ao fundo, com um olhar entre plácido e distraído, centralizado por duas velas. Essa imagem de Ulisses, não sei, a cena me pareceu reconfortante. E depois o pai mandando que ele nos visitasse, e ele indo, e ficando e tal.

Eu e Ulisses vimos juntos o mar pela primeira vez, em Santos, numa viagem que nossas famílias fizeram juntas. Eu, meu irmão e minha mãe fizemos várias viagens com a família Adams, eles eram chamados assim na cidade por questões óbvias. Mas essa foi marcante por isso, por causa do mar.

Não, a gente só começou a viajar com eles depois da morte do meu pai. Tudo porque uma manhã, na mesa da cozinha, eu disse a minha mãe que ela estava mais preocupada em sofrer a morte do nosso pai do que em cuidar dos filhos.

Porque, meu amigo, foi um negócio terrível. Logo depois que meu pai morreu, minha mãe caiu numa depressão, passava o dia no quarto, enfim, ainda chego aos detalhes, o que quero dizer é que dias depois dessa conversa que tivemos na cozinha, a família Adams convidou a gente pra ir com eles visitar parentes no litoral paulista, e aí minha mãe aceitou.

Eu, meu irmão e Ulisses, a gente só conhecia o mar dos filmes que passavam lá no cinema. Quando cheguei à beira do mar de Santos, hipnotizado pela cena, não exatamente a praia, cinzenta, feia, mas a cena inteira, o mar, o céu, o horizonte, quando vi o mar, aquele horizonte como que desenhado à mão, quando me dei conta daquela massa irreal de água, eu tenho uma lembrança de assombro, nesse ponto sou como Herzog, sempre vi mais caos que harmonia na natureza. Falei em Herzog e me veio agora a sequência final de *Os incompreendidos*, de Truffaut. Já viu? Antoine Doinel chega a uma praia depois de correr quilômetros pelo campo, uma das fugas mais lindas do cinema, eu. Ele pisa na areia. E não para, continua correndo na direção do mar até a água bater nos pés, aí desvia o trajeto, sem saída, enfim, não quero chegar a lugar algum com isso, só lembrei, põe essa na conta do uísque porque eu.

Quando a primeira marola bateu nos nossos pés, Ulisses apertou minha mão com força e — — — — — — — — — — — —
— —
— —
— —
— —
— —
— —
— —

——————————————————————————————

——————————————————————————————

————————Pronto? Quanto tempo já de conversa?

Não, por mim ainda vou mais um pouco, normalmente acho cansativo falar, mas até que vou indo bem, o que acha? E aí a gente continua amanhã, ou depois, não sei, você é quem diz. Essa hora é sempre mais tranquila pra mim. De dia é mais difícil. Durmo tarde, acordo tarde, é meio complicado. Mas funciono bem à noite.

Falar nisso, e fome, já jantou? A geladeira está fraca, preciso fazer compras, mas vamos ver. Fátima fez faxina hoje e deixou um bolo de laranja, ela sempre faz um bolo quando vem. É de massa pronta, mas ela prepara uma calda de chocolate que fica uma delícia. Vamos lá na cozinha.

Olha esse cheiro, que maravilha! Sabe o que é? Capim-limão. Há anos minha mãe cuida de uma moitinha lá no terraço do cinema. Nunca decepcionou a gente. Sempre que vou trago um maço. Aliás, isso com uísque, porra, eu vou esquentar uma água pra gente tomar um chá com bolo, aproveitar que esfriou, o que acha? Eu ponho água na chaleira, enquanto.

Eu falava de? Santos, sim. Quando vi o mar pela primeira vez, estávamos eu, meu irmão, Ulisses e uma prima de Ulisses, Renata. Ela e Ulisses são malungos, nasceram no mesmo dia, e sempre foram muito ligados. Ainda são até hoje.

Renata talvez tenha sido minha primeira paixão-padrão na vida. Aquela temporada em Santos pra mim, aquela minha temporada poderia se resumir ao mar e ao pescoço da priminha do Ulisses. A bandida tinha uma lanugem acobreada na nuca que exibia com alguma volúpia apesar da idade, o batom forte que usava, mesmo com a mãe repreendendo. Não seria exagero se dissesse que foi Renata quem me despertou pras meninas.

Se bem que não, aí talvez seja romantizar demais.

Não, o que me vem agora é que como se tratou de uma paixão não consumada eu poderia dizer que teria passado minha vida tentando reconhecer Renata em outras mulheres, o que justificaria meu tesão pelo sexo feminino também, mas aí já seria exagero porque antes de Renata eu já sentia atração por meninas. Com nove, dez anos, eu ficava de rabo nas funcionárias do cinema que meu pai contratava com muita propriedade, fica aqui o elogio póstumo. Tinha umas espectadoras também. Tinha uma doidinha. Cara, a doidinha! Olha só, como é a memória. Essa doidinha foi a primeira menina a brincar com meu pinto. No fim de uma sessão, ela me chamou pra trás do palco da sala principal e eu fui, com algum receio, mas fui. Ela era gordinha, os dentinhos da frente ressaltados, uns olhinhos de Rivotril, cara de doidinha mesmo. Ela pegava no meu pinto e ria baixinho e babava.

Não, a baba já devo ser eu fantasiando, mas lembro de uma cena tosca assim.

Beijo, você diz, de língua? Cara, acredita que só com catorze? Com uma que tinha trinta e cinco, a Wilsa. Wilsa era *bonbonnière* no cinema. Na época, meu irmão namorava a bilheteira, aí inventei de namorar a *bonbonnière*. Eu jogava uns charmes meio didi mocó pra cima dela, dava umas bronquinhas, mas sempre finalizava com uma piscadinha. Eu adorava protagonizar aquela cena patronal. Wilsa tinha um problema no pé direito e vivia chupando bala de cereja. Sério! Mas tinha bundinha. E aí, meu amigo. Engraçado, olha só, eu já prestava atenção em bunda naquela época.

Num sábado à tarde, eu estava deitado no tapete da sala vendo TV, minha mãe devia estar lá embaixo no cinema cuidando da matinê, a porta de casa sempre ficava aberta, Wilsa entrou de mansinho e, vlapt, me atacou por trás, enterrando a língua de jeito na minha boca, Wilsa era linguaruda, uma língua massuda, áspera, um negócio bem estranho. E aí ficou ali, não sei por quanto tempo, desinfetando minha boca com bala de cereja. Uma hora a borboleta recolheu a língua e foi simbora, avoando, assim, do mesmo jeito que chegou, sem dizer nada. Juro, como estava, fiquei: deitado no tapete, rijo, apoplético, de pinto duro. Não lembro direito o que fiz, acho que fui pro quarto dormir. Jamais tocamos no assunto, mas depois desse dia, sintomaticamente, nunca mais dei esporro nela.

Olha, meu amigo, é aquela história, ninguém passa a infância impunemente num lugar, que loucura lembrar dessas coisas! Falei esporro e lembrei que meu pai tinha umas películas pornográficas antigas, acho que da Pathé, e eu digo Pathé porque lembro vagamente de um galinho no canto da tela, talvez esteja confundindo, enfim, eu sabia que essas películas ficavam num depósito nos fundos do cinema, não me pergunte se ali era onde meu pai escondia os filmes da minha mãe ou se era onde ela escondia os filmes de mim e do meu irmão, mas vez ou outra eu ia lá com Ulisses, de madrugada. A brincadeira se chamava tela viva. Consistia basicamente em tirar a roupa e focar a projeção daqueles filmes no próprio corpo. E aí se bolinar. O pior é que a cena é bonita, filmes pornôs antigos projetados num corpo imberbe, um negócio meio Derek Jarman, meio Peter Greenaway.

Mas eu também tinha minhas putarias solitárias. Eu gostava por exemplo de me masturbar na cabine de projeção, concentrado em alguma menina na plateia, durante a sessão. Ou então no banheiro feminino. Meu Deus, o banheiro feminino! Que maravilha voltar a tudo isso! O teto do banheiro feminino era uma laje coberta à qual eu chegava por uma passagem estreita a partir da cabine de projeção. Eu ia lá pra ficar espiando as mulheres fazendo xixi, cocô, dando retoque, conversando, chorando. Quantas mulheres eu já não vi chorar no banheiro. Houve época de matar aula só pra ficar naquele meu cineminha privê, não quer um pedaço de bolo? Vou servir, posso servir? Vamos pra sala, leva as xícaras, eu levo os pratos e.

Então eu ficava ali, espiando as espectadoras por uma fresta num formato *widescreen*. Ô, Jesus, tempos tão inocentes, tão pervertidos. Porque era isso, não tinha maldade na minha perversão. Não havia. Havia amor, havia muito amor, havia ereção. Porra, quer maior prova de amor do que um pau duro? Era a minha descoberta do amor ali. Parece que criança ainda não sofre os entraves da moral, então vale tudo pra liberar as primeiras sementes do amor. Quando estava inspirado, às vezes eu gozava pelo buraco da laje. Pingava no chão do banheiro, perto das pias, e eu ficava escondido ali até ver alguém pisar. Era meu ritual secreto de fecundação. Eu imaginava aquelas mulheres andando por aí, me espalhando pelo mundo.

Mas um dia, rapaz, minha mãe.

Não, não vou contar isso. Eu ainda não.

Eu era tarado pela namorada do meu irmão, Norminha, a bilheteira. Toda vez que ela ia ao banheiro, eu corria pra minha toca, tocar uma. Juro a você, cheguei a passar uma noite com febre, de molhar o lençol, pensando em Norminha fazendo xixi. Norminha não mijava, Norminha fazia xixi. Ela usava uma sainha pregueada que levantava discretamente, lentamente, deliciosamente, na hora de sentar, estou com a imagem dela aqui, agora comigo, minha boca até saliva. Norminha abaixava a calcinha bem devagar, só com os polegares, olhando distraída pro chão, com um risinho nos lábios, Norminha vivia com um risinho nos lábios, Norminha era uma luz de delicadeza, Jesus Cristo amado, Norminha, eu te amo! Ver Norminha se liquefazendo era um dos meus momentos sublimes, a felicidade que eu sentia era tão boa, tão grande, que, sei lá, que só Jesus mesmo.

Vou confessar um negócio aqui, contar agora não vai fazer diferença mesmo, um dia puxei Norminha pra trás das cortinas, no meio da última sessão. Ela não esboçou um rascunho de resistência. Sabia do amor que eu sentia por ela e pagou pra ver. Eu devia ter o quê, dezesseis pra dezessete anos, Norminha era um ou dois anos mais velha que eu, e ela foi simplesmente devorada de pé, no escuro, atrás da cortina de veludo grená, Chapeuzinho Vermelho sodomizada pelo lobo depois de anos de espera.

Com uma mulher, não. Nessa época eu não era mais virgem.

A primeira vez? Pergunta Playboy, essa. Minha primeira vez foi traumatizante, rapaz. O nome dela era Magali, Maga pros íntimos, daí você imagina que a cidade toda a chamava de Maga. Era uma puta cinquentona. Puta, eu digo, prostituta. E cinquentona porque já tocava a lira dos cinquent'anos. Aquilo ali já estava a uns sete palmos pra lá da menopausa quando me desvirginou. Pra você ter uma ideia da minha situação, Maga usava dentadura. O melhor é que só fui descobrir isso na hora em que ela me chupava. Você ri, não é? Essas histórias sempre são boas. E o cenário é ótimo porque foi aos pés do Cristo da minha cidade, que fica no alto de um morrinho mirrado, e a estátua lembra um Cristo anão.

Eu e um colega da escola que também era virgem decidimos encerrar a questão naquela noite, com duas putas de rua. Uma era até bonitinha, mas o Pinto foi mais rápido. Pinto era o sobrenome desse meu colega. Todo mundo na escola só chamava ele de pau, cacete, pica, benga. Menos o sobrenome. Pois bem, lá estávamos eu, o Pinto e as duas putas aos pés do Cristo, de madrugada, madrugada gelada, de cerração, me vê o isqueiro aí do seu lado, obrigado. No par ou ímpar, Maga e eu começamos do lado de fora do carro enquanto o Pinto se resolvia no banco de trás do carro, um Fiat 147 bege do Caralhão, que era irmão mais velho do

Pinto. Ali do lado de fora, eu mal enxergava Maga de tão densa que estava a neblina. De repente, meu amigo, eu só vejo o vulto da mulher dar um peteleco no cigarro, a brasa voando longe no ar assim, fiu! Maga devia estar puta da vida, imagine, dois moleques sem grana. Ah, sim, porque não sei como eu e o Pinto conseguimos convencer as duas a dar de graça, imagina! E ainda mais aquele frio, e ainda mais a vida, enfim, ali mesmo Maga se agachou, abriu minha braguilha e começou o ramerrame, na certa pra tentar se aquecer.

Tirando o frio na bunda, no começo até que estava bom, Maga me chupando, eu meio distraído, admirando o Cristo. Tem um verso de Drummond que diz assim: "Nunca pensei ter entre as coxas um deus". Pois bem. Só que aí uma hora, meu amigo, comecei a notar uma falta de sincronia entre os movimentos da cabeça da Maga e o que meu pinto sentia. Simplesmente não casava. Foi quando me dei conta da dentadura.

Bem nessa hora o carro parou de chacoalhar e aí eu e Maga imediatamente nos metemos lá dentro, mais pelo frio do que por tesão. E aqui você imagina que em algum momento na história da humanidade existiram quatro pessoas dentro de um Fiat 147 botando e tirando roupa ao mesmo tempo, o Pinto chorando de felicidade, chorando de verdade, a putinha dele às gargalhadas, e a Maga, cara, a Maga enfurecida, enxotando os dois, "Vai, vai, vai! Pra fora, pra fora!", enquanto levantava a saia e se posicionava pra minha estreia em campo. Juro pelo que há de mais sagrado, quando vi a Maga naquela posição, a primeira imagem que me veio foi *A origem do mundo*, de Courbet. Aquele abismo escancarado. Meu pai tinha uns livros de arte que gostava de folhear comigo e meu irmão, e eu me lembro até hoje de ficar muito impressionado a primeira vez que vi aquele título relacionado àquela imagem.

Pra complicar mais ainda, a gustavinha da Maga era folgada demais pra mim. É uma situação horrível, não sei se você já passou por isso, uma sensação de escovar uma boca banguela. Então era eu em cima da Maga, arfando, suando, fazendo de tudo pra me concentrar, sonhando que meu pau fosse uma varinha de condão pra transformar aquela xota num cu. Enquanto isso, o Pinto lá fora, no frio, já batendo no vidro do carro. Eis que, eis que dona Maga começa uma *mise-en-scène* pra me apressar. A mulher fingia que estava pra gozar e ensaiava uns gemidos roucos, num estilo *O exorcista*, bem assustador mesmo, assustador de verdade, falando sério. Aí de vez em quando ela interrompia a gemeção e dizia assim: “Goza logo, bem, goza logo!”. Uma hora, graças a Deus, gozei. Dever mais comprido do que cumprido. Terrível! Eu não sei como não peguei uma doença ali. Aquilo devia ter até gripe espanhola incubada.

Isso foi com quinze anos. No dia seguinte, eu corri direto pra Ulisses e ——————————————————
— —
— —
— —
— —
— —
— —
— —
— —
— —

———————————— Maga, a bilheteira do meu
irmão e Eliane. Mas Eliane já namorada, aos dezenove, não sei se conta. Uma frustração que tenho é de nunca ter transado com Eliane lá em casa. Pra falar a verdade, nem sei bem dizer se transei com Eliane. Minha mãe gostava dela, dessa ela gostava, talvez porque fosse inofensiva. E talvez por isso terminei o namoro.

Não sei, pode ser que tivesse aí um pouco de implicância inconsciente com minha mãe. A desculpa que dei a Eliane foi dizer que não a amava o suficiente, como ela merecia. Sei que é clichê, mas enfim, porra, difícil fugir do clichê, principalmente quando se é jovem, não é? A juventude é um clichê poderoso. E não só a juventude. Porque você segue repetindo clichês ao longo da vida. E o pior é que o clichê muitas vezes salva.

Quem, Eliane? Não, óbvio que não. Eu mesmo não entendi muito bem. Mas pra ela foi bem traumático. Chorou, implorou, e aí quando viu que não tinha jeito, começou a me ameaçar, dizia que ia me denunciar porque eu tinha tirado a virgindade dela, vê.

Mora, ainda mora lá na cidade. A gente se encontra de raro em raro, e é sempre patético. A última vez que a gente se viu foi na escada rolante de um shopping, ela subindo, eu descendo, eu dei tchau, ela jogou um caderno em mim.

É engraçado agora, mas imagina a cena, as escadas rolantes distanciando a gente, pessoas subindo, pessoas descendo, no meio disso ela me xingando e cuspindo feito uma desvairada.

Não lembro, talvez na hora eu tenha feito algum gesto teatral pra parecer uma performance artística, não sei. Mas como não me sentir culpado, me achando. Um incapacitado. Inábil. Despreparado. Incongruente. Involuntário. Um retardado sentimental.

Das namoradas que tive enquanto morava com minha mãe, só Estela dormiu em casa. Uma vez. Nesse dia, cheguei pra minha mãe e disse assim: "Mãe, Estela vai dormir aqui em casa hoje, tá?". Até aí, tudo certo. Quando minha mãe entendeu que seria no meu quarto, ela me puxou pra fora de casa e começou um sermão aos sussurros: "Isso é um absurdo! Aqui em casa! Se seu pai estivesse vivo...!". Tragédia grega, meu amigo, tragédia grega!

A verdade é que minha mãe nunca gostou, desculpa o cacófato, das minhas namoradas. Talvez por isso eu nunca tenha insistido em ir adiante com alguma. E agora falando me pergunto se não seria isso um pacto inconsciente com minha mãe, ambos de corpo fechado, possíveis apenas um pro outro. Eu, o filho são, substituindo o pai, como se minha mãe me libertasse pros homens, mas não pras mulheres. Credo, que coisa horrível!

Bom, tudo bem, digamos que eu e minha mãe tenhamos feito um pacto em algum momento. Mas então eu tentei quebrar porque com vinte anos eu saí de casa pra morar em Juiz de Fora. Morei pouco menos de um ano lá. No bairro em que Rubem Fonseca nasceu. Acho que é a coisa mais interessante que tenho pra contar de Juiz de Fora.

Eu tinha ido lá fazer uma temporada com um grupo de teatro de rua envolvido com poesia experimental, meu lance na época era teatro, eu tinha entrado nesse grupo por indicação de um amigo de adolescência, o Mário, ele fazia parte desse grupo, gostou do chá com uísque?

Não, apenas amigos, mas engraçado você perguntar, porque chegou a rolar um negócio, só que unilateral, do meu lado. Chegamos a conversar sobre isso uma vez. Mário confessou que na época talvez até tivesse tido interesse. O problema era que ele também conhecia Ulisses e sabia do ciúme que Ulisses tinha de mim. Embora, pra você ver como funcionam as relações, embora naquele tempo Ulisses e eu já tivéssemos parado de sacanagem.

Mário é outro que conhece bem o cemitério. Já acompanhou muita expedição noturna ali. Mas sempre como espectador, por isso mesmo teve problemas com Ulisses. Ulisses nunca tolerou ser negado. Se ele queria chupar alguém, esse alguém tinha que se deixar chupar por ele. Era uma amizade condicional. Mas ninguém via aquilo como problema, engraçado. Era o contrário. Ulisses sempre foi muito querido. Todo mundo levava o jeito dele com graça. Numa bebedeira, uma vez, fizemos uma paródia da oração de São Francisco em homenagem a Ulisses que dizia a certa altura assim: "Pois é chupando que se é chupado". Ulisses sempre foi isso. Mesmo com as meninas. Toda vez que chegava uma pessoa nova no grupo, ele queria ter um caso, mijasse ela em pé ou sentada. E brigava, se fosse preciso. Isso já criou muito problema na vida dele e na de muita gente, mas, porra, isso é lindo! Ainda hoje, mesmo casado, justamente com Renata, a prima dele de Santos, veja como são as coisas, mesmo casado com Renata ele não contém o impulso, o que com o tempo passei a classificar como carência, uma carência crônica, arraigada, eu falo isso pra ele, ele fica puto.

Sim, ainda vive lá na cidade, não mais no cemitério, óbvio. Sempre que vou a gente se encontra. Existe uma turminha ali que nunca deixou de se frequentar. Mas deixa eu terminar a história do Mário. Numa das incursões ao cemitério, isso lá no início da adolescência ainda, Mário não deixou que Ulisses tocasse nele. Rapaz! Depois desse dia, toda vez que os dois se encontravam, Ulisses tirava sarro de Mário e os dois terminavam na porrada. Com Ulisses era assim, ou era esporrada ou era porrada. Minha mãe sempre me perguntava por que eles brigavam tanto. "É que Ulisses queria chupar o Mário e o Mário não quis, mãe!" Já pensou eu falar uma coisa assim pra ela?

Mário já se declarou bissexual publicamente, uma vez. Só que foi na época do teatro, pegava bem dizer essas coisas. De todo modo, lá em Juiz de Fora, eu sentia um carinho especial por ele. Com os ensaios, as cervejadas, a gente foi ficando muito próximo. E aí, como não é raro acontecer, eu sexualizei a relação. Mais porque ele me parecia inatingível, acho, do que por atração física. Como do grupo eu e ele éramos os únicos de fora, a gente vivia praticamente como um casal. Uma vez dormimos na mesma cama, na casa dele. E aqui você percebe bem a hipocrisia da bicha preta, eu só chamo Mário de bicha preta, "E aí, bicha preta?", ele adora. Nessa noite, eu escorreguei do travesseiro enquanto ele dormia, mas ele fez que não despertou de sonhos intranquilos. E ficou nisso. No dia seguinte, eu quis tocar no assunto, mas ele não quis discutir a felação.

Mas por que essa história toda mesmo? Mário, Juiz de Fora... Mário, Ulisses, mãe... Lembrei. Quando comecei a namorar a Estela, já tinha passado toda essa viadagem de teatro. Estela e eu ficamos juntos quase dois anos. Eu tive algumas certezas com ela. Temporárias, como todas as minhas certezas. Sempre fui um pouco covarde com ela, faço aqui a mea-culpa porque foi minha relação mais duradoura até hoje. Houve fases, idas e vindas, acréscimos, decréscimos, eu desacreditava quando ela vinha sôfrega depois de um acesso de ciúme, me propondo casar e ter filhos. Eu sempre negava, mas uma vez topei. E só. Morreu nisso. Na verdade, Estela esperou uma sequência de atitudes minhas que nunca vieram.

Não sei. Por preguiça, talvez. Preguiça de regular horários, de dividir frustrações, angústias, ansiedades, mesquinharias conjugais, eu tenho pavor das mesquinharias conjugais, um sempre subestimando o outro, um sempre esperando um deslize do outro pra comprovar sua superioridade, enfim, tudo aquilo. Eu pedia calma e isso bastava pra ela pôr meu amor na berlinda. No fundo, acho que eu tinha medo de ser apenas uma escada pro desejo de Estela de constituir família. Era um tipo de obsessão, talvez pelo fato dos pais terem se separado quando ela era pequena, não sei.

A gente até que se dava bem sexualmente. Nada muito complicado. Fazíamos um sexo higienicozinho. Confesso que não era muito chegado na cunilíngua, não, viu? Ela denunciou isso uma vez a minha mãe, num almoço. Porque era isso, Estela tinha esses impulsos agressivos sempre que se sentia ameaçada. Tudo com Estela ganhava um peso excessivo com o tempo. Inclusive ela, mas isso morre aqui.

Em relação ao sexo oral? Em relação ao sexo oral, não. Em relação ao sexo oral, eu fui me educando. Não chego a sofrer, mas também. Meu truque é dar uma de canibal. Chego ali com voracidade, chafurdando feito um javali. O problema é que não sustento muito a encenação, arrefeço logo. Não é raro arremeter também, já arremeteu? Meio constrangedor, não é?

Um outro fator que fez com que eu me afastasse gradualmente de Estela foram os detalhes brochantes que nossa relação foi acumulando, como geralmente acontece. Estela tinha uma alma beligerante, e a certa altura isso me encheu o saco. Adorava inventar umas ordens pra mim, coisinhas bobas, cotidianas, mas constantes, só pra ter a chance de reclamar de mim caso eu falhasse. Estela achava que o mundo só seria perfeito depois que tudo estivesse adequado às vontades dela. Nisso, ela parecia um pouco com Ulisses. Estela não suportava a negação. Eu, do meu lado, posso dizer que não sou matéria fácil de ser envergada, e isso não é um autoelogio. Mas durante um bom tempo aceitei passivamente os desejos incontidos da Estela.

Acho que por acreditar que brigar seria alimentar o mal. Digo isso porque a certa altura eu entendi que o jeito mais firme de responder à agressividade dela era me tornar um agente passivo. Aceitar foi meu modo de resistir. Mas isso foi por um tempo. Uma hora, cansei de ser o bibelô da história. E acabamos. Foi natural o processo.

Na sequência, sequência, digo, quase um ano depois de Estela, veio Mirtes. Mirtes era o oposto da Estela. Independente, odiava qualquer tipo de corda. Mirtes é uma mulher bem interessante. Vinha sempre acompanhada de um discurso sobre liberdade, relação aberta e tal, adorava viajar sozinha, mas no fundo era caretona. Do tipo que não sabe se confrontar com as próprias fraquezas, saca o perfil? E eu perversamente gostava de explorar essa ambiguidade nela.

Eu confesso que fico na dúvida se devo expor as pessoas desse jeito. Seja lá o que você for fazer com essas gravações, o que peço pelo amor de Deus é que mude pelo menos os nomes. Muita gente continua relativamente por perto e você, enfim, eu fazia com Mirtes uma espécie de terrorismo subliminar. Eram movimentos sutis, porque, vê se concorda, não é incomum a gente construir fantasmas ao redor de pessoas que não conhecemos. Em algum momento percebi que a grande dificuldade de Mirtes era domesticar as próprias emoções. Principalmente quando eu falava de meninas que não faziam parte do nosso circuito de amizades. Mirtes tinha um discurso recorrente contra o ciúme, mas se pegava sofrendo do próprio mal. E aí transbordava de tristeza, murchava, adoecia. Ela era orgulhosa, então abafava o ciúme em vez de incorporar, como qualquer sentimento. E assim ia eu, dosando o humor dela, fazendo um joguinho sádico, terrível, confesso. Às vezes eu me sentia um carrasco. Muito tempo depois, graças a um sonho, é que fui entender isso como algo, como eu posso dizer, como algo religioso, não é bem religioso, enfim, Mirtes nesse sonho usava uma cinta-liga. Mas, quando eu olhava com atenção, percebia que no lugar da cinta ela cingia um cilício, sabe, aquela corrente cheia de pontas que os maluquetes do Opus Dei atam com força à coxa pra se autoflagelar.

Claro que não dá pra resumir nossa relação a esse meu delicado flagelo. Na realidade, tendo a acreditar que Mirtes foi um dos meus maiores projetos fracassados. O que supõe outros, de outra ordem, que não vêm ao caso. Apesar de todas as suas contradições, o que pra mim soa como virtude, Mirtes, vai ser piegas o que vou dizer, Mirtes tinha uma independência que sempre busquei na possível mãe dos meus filhos. Se pelo menos ela me perdoasse.

Porque ela se decepcionou bastante com umas cagadas minhas que também não vêm ao caso. Mas se Mirtes me perdoasse, acho que eu ainda gostaria de ter um filho com ela. A ideia, claro, seria ela cuidar da criança até uns cinco anos, depois disso eu me apresento como o pai e aí a gente vê no que dá.

Como eu enxergo a presença de um filho em minha vida? Pergunta fina. Vamos ver. Acho que eu gostaria de ter um filho pra poder contar como são as coisas, que o mundo, no fundo, é melancólico pra caralho, não importa as companhias, mas que é dessa descoberta que. Eu acho que gostaria de ter um filho pra compreender o significado de solidão pela sua oposição, não sei se dá pra entender. Como um modo de acreditar que estar só pode ser bom também. Filho, no fundo, é uma bengala que você mesmo confecciona, não é verdade? É uma espécie de previdência privada, é investir em alguém que, se tudo caminhar bem, vai limpar sua bunda no final.

Até onde entendo, eu carrego duas frustrações em relação ao meu pai. Uma delas é o fato de não ter tido uma figura paterna com a qual me confrontar, principalmente na adolescência. Acho que isso é uma coisa importante e que de certa forma fez falta. Outra frustração é essa de que falava, de ser um filho que não cuidou do pai no final da vida. Como se eu fosse um investimento que minguou, que não rendeu o esperado. Eu era muito novo quando ele morreu, então não tive a chance de amparar meu pai no momento em que ele precisou. Minha mãe foi quem ficou com todo o peso.

Paulo Mendes Campos, numa crônica, conta uma parabolazinha da condição humana. Dois sujeitos estão num calabouço, argolados na parede pelo pescoço, pulso, tornozelo. Aí um vira pro outro e diz assim: "o jeito agora é o seguinte...". Então, sabe, acho que o jeito agora é ficar inventando soluções pra rir dessa merda toda, muitas delas inevitavelmente repetitivas porque é isso, a vida não é tão criativa como a gente gostaria que fosse.

Eu não tenho hino, eu não torço pra nenhum time, eu não uso o banco traseiro do meu carro pra dar carona. Então você vê que———————————————————
—————————————————————————
—————————————————————————
—————————————————————————
—————————————————————————
—————————————————————————
—————————————————————————
—————————————————————————
—————————————————————————
—————————————————————————
——————————— no sinal vermelho. Não lembro exatamente a rua agora, uma transversal da Angélica, acho, mais já lá pra baixo, em Santa Cecília.

Repito, claro, já está gravando? Eu dizia que não é raro flagrar alguém na rua fazendo o sinal da cruz, e que hoje vi um motoboy fazendo isso num posto de gasolina enquanto ele enchia o tanque da moto. E que ele ainda teve o cuidado de levantar o capacete pelo queixo, assim, na hora de se benzer.

Isso pra dizer que acho interessantíssimo o fenômeno da persignação no Brasil. Qualquer dia juro que pesquiso mais a respeito. De modo geral, não é difícil explicar: país de raízes católicas entrelaçadas com superstições africanas e indígenas e blá e blá. Se benzer quando passa em frente ao cemitério ou na porta de uma igreja, por exemplo. Em alguns lugares do Nordeste, pessoas se benzem quando cruzam a linha do trem. Mas não é só disso que estou falando. Eu flagro gente se benzendo no ônibus, no shopping, no volante do carro, caminhando na rua, eu vejo o flanelinha se benzer com o dinheiro que ganhou de um passante, eu vejo a senhora se benzer discretamente no vagão do metrô. Não é o simbolismo católico que me chama a atenção. Eu vislumbro aí, nesse ato, uma ordem quase inconsciente, um instinto de salvação, que acho curioso. E bonito. Acho o ato da persignação um ato bonito. É um momento de intimidade, um pouco como flagrar uma mulher na rua ajeitando a calcinha, não sei se você me entende. Sempre que vejo alguém se benzendo, eu me pergunto: por quê? Que demônio passou pela cabeça daquela pessoa? Quem se benze sabe por que está se benzendo?

Hoje foi um dia interessante. Nosso papo de anteontem me sensibilizou, eu acho. Digo isso porque logo na sequência do motoboy se persignando eu vi, na mesma esquina ainda, eu vi uma velhinha entrar numa loja de muletas. A cena, pra mim que passava de carro, foi simplesmente essa, uma velhinha entrando numa loja de muletas. E tome indagação. O que a teria levado ali? Seria pra ela? Seria pra vizinha? Seria pro filho? Deve ser horrível entrar numa loja pra comprar uma cadeira de rodas pro filho. Ou ela teria entrado ali sem compromisso, só pela curiosidade de saber quanto custa uma muleta, como quem entra numa sex shop por acaso, só porque passou em frente? Falando sério, por algum motivo a cena me comoveu.

Eu entendo sua pergunta porque ela também é minha, mas não, eu não sei explicar o que significam essas cenas que vi hoje. Sei que de algum modo me comoveram. Na verdade, a conclusão do dia, se for pra espremer algum suco disso, é a impossibilidade de se chegar no sentido das coisas, se é que as coisas têm sentido. A sensação que me dá é que nós e o sentido das coisas somos dois ímãs de polos iguais, que conseguem se aproximar até certo ponto até se repelir.

Tem um termo em japonês, *shibumi*, que define esse indefinível. Mesmo em japonês a palavra tem uma significação vaga. *Shibumi* pode ser um pensamento, um gesto, um chá com uísque numa noite quente, uma varanda sem plantas, um livro.

Enfim, tudo bem com você? Conseguiu transcrever nossa conversa? Olha aqui, Jack Daniel's pra envernizar no papo de hoje. *Le gusta* Jack Daniel's? Hoje estou animado. Na verdade, comoções à parte, hoje estou com certo ódio da humanidade, daí a animação.

É, minha sensibilidade é generosa, ela tem lugar pra delicadeza e pro ódio.

Quer saber mesmo? De vero? Faço um relato breve, prometo. Bem, hoje, como disse, levei o carro pra revisão. Aí voltei pra casa de táxi, trabalhei um pouco, enrolei um tanto, lá pelas cinco da tarde desci pra tomar um café num lugar simpático que tem aqui perto. Cheguei lá, só tinha lugar no balcão, ao lado de um grupinho de firma, sabe, não é? Aqueles homens de camisa azul de botão, gola branca e crachá rodando no indicador, uma turma intelectualmente baixa, que passeia em shopping no domingo, que faz bolão na noite do Oscar, um povinho bem plateia de *talk show*, enxerga o tipo? Uma gente, eu diria, perigosíssima. Tão perigosa que pedi meu café e fiquei ouvindo o que diziam. E o papo, claro, era a Europa. A única mulher do grupo tinha acabado de voltar de Paris e comparava a vida lá e cá. Uma hora ela disse assim: "Olha, a Europa é coisa de Primeiro Mundo mesmo!". Cara, juro a você, quando ouvi aquilo eu derramei café na minha camisa. Pra piorar, o piadista da turma, outra praga a ser exterminada, ficava usando a narração da mulher como escada pros seus trocadilhos geniais. De repente, meu amigo, começou a me subir um incômodo, uma irritação de verdade, quando dei por mim, eu encarava aquele pessoal com um misto de raiva e desdém. Na hora, eu comecei a cantarolar mentalmente "I'm singing in the rain", pensando em *Laranja mecânica*. Foi o que me acalmou. Fim do relato.

Não! Fim do relato, não. Na volta do café, passei na padaria e comprei um pacote de pão de queijo que daqui a pouco coloco no forno pra gente matar.

Eu cheguei a ler pra você anteontem o trecho da *Montanha mágica* que usaria como epígrafe? Se bem que também daria um bom epitáfio. Eu. E dos cadernos com anotações, pensamentos, sonhos, tentativas de poemas, cartas que nunca mandei, crônicas inacabadas? Um tempo atrás eu vivia anotando coisas minhas e coisas que lia. Foi um trabalho que me empolgou por um tempo, mas logo arrefeceu, quer gelo? Eu tomo com gelo, mas tem quem vá sem, você diz. Já viu a lua hoje? Chega aqui no terraço.

Tem uma história que meu pai contava, do meu bisavô, se não me engano, um poeta italiano falido que numa noite de bebedeira federal teria leiloado a lua numa mesa de bar só pra poder passar a noite – brinde – com a putinha por quem era apaixonado. É uma lenda familiar.

Do diagnóstico à morte? Um ano e dez meses. Cravados. No dia dos meus onze anos. Ainda bem que isso não me traumatizou.

Eu brinco, mas, sério, imagina um moleque passar quase dois anos convivendo com o pai doente e esse pai dá de morrer justo no dia em que havia uma festa preparada pro moleque? Olha que lua bonita. A ideia era seguir pro cinema depois da aula com toda a minha turma e fazer uma sessão especial com pipoca, refrigerante, cachorro-quente. Minha mãe ficou uma semana me ajudando a escrever os convites. Uma doceira amiga da família preparou um bolo com uma carinha de palhaço toda feita de jujuba, olha que bonito.

No dia da morte do meu pai, eu acordei com a musiquinha de "Parabéns pra você" na cabeça. De repente, no meio da tarde, vem a notícia. Em plena aula. E o que é pra ser uma festa de aniversário vira um velório. Do próprio pai. E quando eu vejo, minha turma inteira em volta do caixão do meu pai, como se ele fosse o bolo, e aqueles círios. Minha mãe chorando, meu irmão chorando, e eu sem conseguir tirar a musiquinha da cabeça: "Parabéns pra você, nessa data querida...". Terror, meu amigo. Filme de terror. Você não pode imaginar. Quem não viveu o que vivi não pode imaginar.

Vamos entrar?

Eu comecei a ter noção de que meu pai estava morrendo quando minha mãe falava pra gente que ele estava ruim no hospital. Ruim no hospital.

Nos últimos seis meses, a gente ficou entre vindas e idas do hospital pra casa, você não fuma, não é? Toda vez que meu pai tinha alta era como se ele voltasse de viagem, sempre com um presente pra mim e meu irmão que minha mãe comprava pra ele dar. Só que a cada volta ele aparentava estar mais debilitado. Talvez eu tivesse noção disso mais pela minha mãe, que definhou junto com ele. Minha mãe emagreceu doze quilos, eu sei porque.

Eu lembro muito do caminho que eu e meu irmão fazíamos até o hospital todo dia depois da aula. Lembro da luz do fim da tarde. Minha casa ficava entre a escola e o hospital, então a gente já tinha o roteiro pronto. Minha mãe passava na saída da aula e seguíamos os três caminhando até o hospital, geralmente em silêncio. A gente não tinha carro, carro era uma ideia inconcebível pro meu pai. Ele tinha uma Garelli, um baita arranque, eu e meu irmão a gente dava voltas na garupa com ele nos fins de semana, meu pai sempre na estica, de chapéu, gravata, terno, quase setentão, um autêntico personagem da Belle Époque, a vinte por hora, saudando as pessoas. Todo mundo conhecia o dono do cinema da cidade.

Mas eu falava da luz de fim de tarde. Lembro de achar o quarto do hospital exageradamente branco. Eu gostava de ficar sentado no parapeito da janela enquanto minha mãe conversava com meu pai e o meu irmão tomava a sopa que as enfermeiras traziam pra ele e pra mim. Eu ficava vendo aquela luz de fim de tarde entrar no quarto, uma luz difusa, coada pelo vidro fosco da janela.

É uma parte dolorida. Costumo levar as coisas na brincadeira, mas isso.

Se tenho algum choro de lembrança? Bonito, choro de lembrança.

Não sei.

Houve uma época em que meu pai passava boa parte do tempo dopado com morfina. Mesmo em casa. Ele já tinha dificuldade, tomava uns remédios pra fazer xixi. Minha mãe botava camisinha nele à noite com uma mangueirinha pro mijo cair direto no penico sem ele precisar se levantar. Eu tinha nove pra dez anos e lembro perfeitamente do alívio que eu sentia, talvez influenciado por minha mãe, quando via o mijo do meu pai correr pela sonda.

Vou contar uma coisa bem íntima, já começo a não ver outro lugar senão seu gravador pra despejar minhas paranoias. Geralmente, até hoje é assim, quando vou fazer xixi, me vem uma sensação, enquanto o mijo não chega na uretra, eu fico esperando alguma dor, como se mijar fosse algo naturalmente dolorido. Cara, eu via meu pai martelar a cabeça na parede de tanta dor que sentia na hora de mijar. Isso já era o câncer tomando o espaço em volta da próstata. Só que o médico achava que o problema era na bexiga. Realmente, meu pai tinha uma pedra enorme, do tamanho de uma batata pequena, minha mãe tem ela guardada até hoje lá em casa, num pote de maionese. Eu segurava aquele pote com o mesmo espanto de Hamlet segurando a caveira de Yorick. Enfim, quando retirou a pedra, o médico teria então identificado o bicho em estado avançado.

Se fosse hoje, eu não sei. Se bem que essa merda quando é pra pegar.

Um ano e pouco depois, pegou. Meu pai adoecia, baixava hospital, melhorava. Adoecia, baixava hospital, melhorava. Lembro muito dele deitado no sofá da sala de casa, vendo televisão. Lembro da vinheta de um programa que ele gostava de assistir, um pianinho triste, triste. Lembro de mim, deitado no tapete, olhando pra ele. É uma cena clara na minha memória. Clara pela luz também. A cena acontecia sempre por volta das três da tarde, que era a hora do programa, as cortinas da sala viviam abertas, hoje só ficam fechadas, sempre falo pra minha mãe abrir aquelas cortinas, mas ela justifica a loucura dela dizendo que muita luz estraga os móveis, como se os móveis já não estivessem velhos. E como se a penumbra impedisse a decrepitude das coisas. A sala lá de casa parece uma reconstituição dos aposentos de algum rei. Eu chamo minha mãe de Madame Tussauds, ela não gosta.

Mas, sério, não posso criticar minha mãe. Ela cuidou devotadamente do meu pai. Eu e meu irmão somos testemunhas de como ela se entregou à doença dele, de como anulou a própria vida pra ficar com ele. E, obviamente, compreensivelmente, sentiu muito quando ele morreu. Não só porque amava meu pai, porque construiu família com ele, porque dividiu com ele a paixão pelo cinema. Cara, eles faziam sessão extra de madrugada só pra eles dois. Porra, isso é lindo! Depois da doença, cuidar do meu

pai havia se tornado a vida da minha mãe. Isso não é raro acontecer. Tem até um termo técnico pra isso, codependência. A certa altura ela passou a precisar tanto de cuidar dele quanto ele de ser cuidado por alguém. No caso, ela. Quando meu pai morreu, minha mãe perdeu a única função da qual se lembrava. Nisso meu irmão————————
————————————————————————————————
————————————————————————————————
————————————————————————————————
————————————————————————————————
————————————————————————————————
————————————————————————————————
————————————————————————————————
————————————————————————————————
————————————————————————————————
——————————————————porque não tem como fugir e passar adiante, a gente nasce com a sina da continuidade, você renuncia ou aceita, é simples. Ser pai é continuar seu pai, é prolongar a ideia que você construiu dele. Ou isso ou então apagar tudo e tentar reescrever a própria história, o que particularmente acho impossível. Vida é palimpsesto, não sei quem disse isso, se é que alguém disse isso, onde coloquei o isqueiro?

Mas eu contava que uns oito ou nove meses depois da morte do meu pai, meu irmão começou a surtar. De tanto reter tristeza. Foi um diagnóstico que ele mesmo se fez, anos depois, numa carta a minha mãe. Ele era o mais velho, então num primeiro momento acreditou que tinha o dever de cuidar da gente. E aí implodiu de responsabilidade.

O quadro oficial é esquizofrenia. Mas isso só muito tempo depois foi diagnosticado, quando minha mãe resolveu que o problema já não era exclusivamente nosso, deixa eu ir ao banheiro rapidinho.

Não sei por que lembrei disso, aliás, antes, se quiser ir ao banheiro. Quando quiser é só parar. Enquanto mijava agora, lembrei de uma cena. Na volta pra casa, no dia do enterro, minha mãe subiu as escadas na frente da gente. Ela nunca tinha feito aquilo, sempre subia no nosso vácuo, brincando de beliscar nossas bundas. Aquele foi um detalhe que me acendeu uma luz.

Ela subiu os três lances de escada, calada, entrou em casa, fechou as cortinas, foi pro quarto, deitou na cama, e aí passou os dias, as semanas seguintes inerte, apagada, fora do mundo, o olhar infiltrado, como dizia dona Nair.

Dona Nair foi a vizinha que cuidou da gente durante essas primeiras semanas de luto. Ela vinha toda manhã com pão, botava a mesa do café, tomava junto comigo e com meu irmão uma xícara de chá de capim-limão da nossa moita, tudo sempre em silêncio, tenho lembrança de muito silêncio naqueles dias. Meu contato com o mundo, fora a televisão, era um vizinho que ouvia os Beatles, geralmente no fim da manhã. Eu não conhecia os Beatles, mas ficava na janela ouvindo aquela música que eu achava estranha, mas que gostava de certa forma. Até hoje é estranho ouvir os Beatles, sobretudo o álbum branco. Tenho uma sensação ambígua, não sei, de desamparo e aconchego, falando agora até que faz algum sentido.

Só depois de cuidar de mim e do meu irmão era que dona Nair ia levar uma bandeja com biscoito e suco pra minha mãe, mas ela não. Tem uma cena. Eu, dona Nair e meu irmão olhando pra minha mãe da porta do quarto. Às vezes a gente tentava conversar com ela, não sei até que ponto a memória exagera, mas a sensação. Se bem que, pra você ver, tem uma outra imagem muito nítida. Eu ajoelhado ao pé da cama de minha mãe, beliscando o braço dela com um alicate de unha, um alicate violeta, pra ver se ela sentia, se ela reagia a algum tipo de dor.

Na paralela, eu via meu irmão murchar. Imagino que ele não quisesse deixar a tristeza transparecer, então passava horas, não é modo de falar, horas trancado no banheiro. A escola tinha dado uma espécie de licença-luto pra gente, então naquelas primeiras semanas a situação em casa era assim: minha mãe cataplética no quarto, meu irmão trancado no banheiro, dona Nair fritando cebola na cozinha, ela adorava fritar cebola, e eu no quarto ouvindo os Beatles pela janela.

Puta que o pariu, caralho, impressão minha ou isso é o relato de uma tragédia? Eu realmente não sei mais dizer o que minha vida é. Aqui, um brinde!

A fase mais profunda da depressão da minha mãe durou umas três semanas. O primeiro sinal de mudança aconteceu no dia em que ela se levantou da cama pra tomar banho. Pelo menos foi assim que registrei. Aqui, eu estou deitado no tapete da sala vendo televisão. De repente minha mãe passa por cima de mim e se tranca no banheiro. Ali, meu amigo, senti um arrepio que até agora eu. Corri atrás, colei a orelha na porta, mas só conseguia ouvir o chiado do chuveiro. Era finzinho da manhã, eu estava sozinho em casa.

Não sei. Talvez tenha imaginado que ela pudesse se cortar ou então engolir remédios, não sei, não sei se isso é um pensamento normal pra uma criança de onze anos. Sei que o medo que senti. Mas aí vem o detalhe. Uns vinte minutos depois, ela sai do banheiro enrolada na toalha. Eu sorrio pra ela, ela amassa meus cabelos com uma mão fraca, um fiapinho de sorriso nos lábios, coitada, mas ainda com aquele olhar mocho. Foi uma fração de segundo em que passei da tristeza pra alegria e daí novamente pra tristeza. Sabe o céu nublado quando abre e fecha no segundo seguinte?

Aí foi o início da segunda fase da depressão. Minha mãe voltou às tarefas domésticas, mas sempre calada. Não conversava nem com dona Nair, que não deixou de supervisionar nossa vida.

Morreu, morreu. Não sei dizer quantos anos tinha na época, mas já era uma senhora de idade, devia ter mais de setenta.

A pergunta é difícil. Talvez o silêncio de minha mãe. É, acho que o silêncio de minha mãe foi o que mais me marcou naqueles dias. Ela acordava a gente de manhã, preparava o café com a ajuda da dona Nair, cozinhava, lavava, arrumava os quartos, mas sempre em silêncio. Que acabou no dia que já contei, quando falei pra ela na mesa da cozinha que ela estava mais preocupada em sofrer a morte do marido do que em cuidar dos filhos. Aqui, rapaz! Achava que tinha emprestado. Sem querer bati o olho agora na estante e encontrei. Eu cito *O Leopardo* num texto que estou escrevendo e queria reler umas partes, mas não encontrava. Já leu? Esse filho da puta do Lampedusa tem um domínio absurdo em descrever a personalidade de alguém no detalhe. Lindo, sim, sei! Foi inclusive o filme que me levou ao livro. Tenho uma amiga, Elisa, que põe na prateleira dos melhores livros da vida. Difícil discordar da Elisa, que horas são?

Não, fome. Agora que lembrei, não almocei ainda, o que me diz de preparar um bocado? Hoje fiz compra, tem um queijo de cabra roubado aí que é uma delícia. Toda vez que vou ao supermercado, encaçapo um. Virou tradição. S. chama isso de síndrome de Robin Hood. Minha lógica é a seguinte: não quero me privar de um prazer, o prazer é caro, logo, roubo. Já cheguei a pensar em cleptomania, mas concluí que não. Não existe o tal de consumo consciente? Eu pratico o roubo consciente. Só coisa inocente. Pra você ver, outro dia fiquei com escrúpulo de roubar uma latinha de *foie gras* do Santa Luzia. A lata já estava no bolso, mas na hora de sair me bateu remorso, aí o São Francisco que habita em mim botou a latinha de volta na prateleira. Um cleptomaníaco de verdade não faria isso, faria? Enfim, o queijo está aí. Vamos lá na cozinha, tem rúcula, tem pão pra torrar com azeite e orégano, a gente faz o milagre de transformar Mr. Jack em vinho e.

Menos de um ano depois da morte do meu pai, meu irmão começou a ter umas febres súbitas antes de dormir. Minha mãe já tinha saído da depressão, e tenho pra mim que aquelas febres a deixavam feliz de poder cuidar novamente de alguém. Um dia meu irmão teve uma convulsão. Três dias de internação, delírios, suores, gritos. Ali foi o início do desgoverno. Os médicos não sabiam precisar o que era, então começaram a encher o rabo dele de coquetéis. Misturavam remédio pra epilepsia com antibiótico, Amplictil, Fenergan, Melleril, Haldol, um negócio de louco, genuinamente de louco. Não só a parte do meu irmão, mas dos médicos também.

Eu tinha doze anos quando a coisa pegou. Meu irmão, catorze.

Dois anos mais tarde, já era rotina nossa visitar clínicas psiquiátricas pelo interior de Minas, no Rio, em São Paulo. Meu irmão já tinha abandonado a escola, mas se negava a abandonar o cinema, então a gente deixava ele por ali, cuidando do pipoqueiro, da máquina de refrigerante, do bebedouro, da Norminha. Contas, programação, transporte de bobina, manutenção de maquinário, isso tudo era comigo e minha mãe, pega o queijo na geladeira, por favor, é um pacote cilíndrico, esse, isso aí, o azeite é naquele armário, ali, sim, não, embaixo, isso.

Eu gostava de cuidar do cinema. Estudar, em compensação, era uma sevícia, como dizia um professor meu de Moral e Cívica. Eu estudei no mesmo colégio desde o pré-primário. Instituto Educacional São Tarcísio, vulgo Albatroz. No saguão de entrada ficava, ainda fica, uma estátua de albatroz, um albatroz heráldico, barroco, com uma bandeira no bico, um negócio horrível. A escola tinha um quê de maçonaria. O diretor naquela época era o professor Arinos. Professor Arinos usava uns óculos iguais aos do Geisel, uns óculos de general, aliás o professor Arinos era a cara do Geisel. Lembro muito da cara dele no postigo da sala, espiando a gente com um olhar de Jack Nicholson fantasiado de Geisel.

Agora, figura interessante mesmo era Waldemir, o professor de química. Coroa, alto, bigode grosso. A gente achava que ele era gay. Waldemir via todos os filmes que passavam lá no cinema. Porra, Waldemir, onde você estiver agora, ele já morreu, onde você estiver, Waldemir, obrigado. Eu só vou contar como a gente sacaneava você, tá? Sério, foi com Waldemir que comecei a me interessar por química. Não pela aula dele, inevitavelmente chata, mas porque eu via o prazer que ele tinha em conversar comigo sobre cinema. Aí achei que seria gentil de minha parte se eu me interessasse pelas aulas dele. Juro a você, eu aprendi mais sobre sulfetos, isômeros, ligações triplas, lei de Boyle ali, no saguão do cinema, do que na escola.

A turminha era tão perversa que não sentava nem no fundo, mas na primeira fila. Waldemir ficava lá no estrado, todo didático, "Agá dois esse ó quatro", aí de repente algum mau elemento latia o nome dele com uma voz bem grossa. Waldemir fazia de conta que não era com ele, mas o olho direito começava a piscar involuntariamente. A gente atirava giz nas costas dele e aí ele se virava meio puto da vida, meio assustado: "Quem fez isso?! Quem fez isso?!". A turma ficava quieta? Nada! Todo mundo continuava tacando giz nele, e ele ensandecido de raiva, pegando giz no ar e tacando de volta.

Tem uma história. Um dia ele passou pela porta da sala e alguém botou uma linha pra medir a altura dele. Ou foi. Não lembro se tem relação, enfim, um dia acabou a luz na escola e alguma mente genial foi lá e arrancou a peruca do Waldemir. Imagine que o primeiro impulso do sujeito quando acaba a luz na escola é arrancar a peruca do professor. Esse daí é um verdadeiro doente, me faz um favor, corta esse pão aqui em fatias, pode ser aqui, isso, nessa tábua, aqui na pia, não, aqui na pia, é melhor, enquanto eu abro o vinho.

Até a oitava série, eu era um aluno mediano, mas nunca tinha repetido. A partir da oitava, pensei: pra que me ma-

tar de estudar? Essa ideia foi progredindo. O primeiro ano científico foi na base da recuperação. No segundo ano, bombei. Aí refiz, passei. No terceiro, bombei. Aí fui expulso. Expulso do colégio onde tinha estudado minha vida inteira. Isso gerou cartas de protesto da minha parte, endereçadas ao Geisel Nicholson. Entre outras mentiras, eu exaltava minha fidelidade à escola. Numa das mais pungentes, relembrei a morte do meu pai, descrevi em detalhes o quanto pra mim havia ficado marcado aquele dia, de ver o diretor da minha escola amparar minha mãe, da classe inteira vindo me confortar, do luto de três dias que ele carinhosamente decretou, embora não tivesse cancelado as aulas, como todo mundo esperava, mas isso eu não disse. Uma carta linda. Gostei tanto daquela minha falsidade honesta que fiz cópias num caderno ————————
——————————————————————
——————————————————————
——————————————————————
——————————————————————
——————————————————————
——————————————————————
——————————————————————
——————————————————————
——————————————————————
—————————— pulei a grade do colégio à noite com mais dois, todos vestidos de preto, cordas na cintura, uns mosquetões improvisados, pareciam três ninjas caipiras. Mas no fim não deu certo porque o segundo muro, que dava pro pátio interno, era alto demais.

Isso foi numa quarta-feira. No sábado, depois do simulado, entramos na escola pela janela que eu tinha deixado aberta de propósito na véspera, fomos até a sala dos professores, que ficava no terceiro andar do prédio, arrebentei o cadeado do armário, peguei as provas, mudei minha nota de biologia de 3,5 pra 8,5. De repente, meu amigo, a gente só ouve a porta do segundo andar ranger e depois bater bem forte. Pá! Todo mundo já estava no cagaço, então imagina. Uns minutos mais e o mesmo barulho. Pá! Depois a gente ficou sabendo o que tinha acontecido. Houve uma denúncia do vizinho, que teria visto três pessoas entrando no colégio. Pra nossa sorte, quem estava lá embaixo ficou com medo de subir. Foi o tempo da gente escapar, posso servir?

Bom, mas aí aconteceu que nos dias seguintes os professores começaram a associar o fato a mim, e só a mim. Isso porque eu já tinha sido flagrado pelo mesmo vizinho pulando o muro uma outra vez, pra não faltar à primeira aula. Três faltas davam suspensão. Nesse dia eu estava com uma camisa cáqui de bolinha laranja. O filho da puta do vizinho atravessou a rua na mesma hora e denunciou minha camisa, imagina que a vida do sujeito é dedurar os outros. Aí me avisaram que o pega-boi procurava por um aluno que estava com uma camisa cáqui de bolinha laranja, pega-boi era como a gente chamava o inspetor, o que achou desse vinho? Bom, não é? Eu esperei o intervalo pra me confundir com os outros e sair sem que o pega-boi me visse, mas nada da sirene tocar. Aí resolvi me trancar numa das cabines do banheiro, de cócoras em cima da privada. Só que o desgraçado me descobriu e me levou pro professor Arinos. O Geisel, que não era bobo, sabia que eu ia mal nas notas e espertamente não fez nada. Não deu suspensão, não deu advertência, não ligou pra aconselhar minha mãe. Nada. Deixou só que eu seguisse meu destino. Resultado: bomba no fim do ano. No semestre seguinte, rejeitaram minha matrícula.

De quê, o risco? Sim. Adoro. Adoro a irresponsabilidade. Enumero setecentas irresponsabilidades na minha vida. Tento sempre ser irresponsável sem machucar. Mas só até onde tenho controle. Nem sempre consigo. Mas, porra, tenho moral e tenho ética, tenho sentimento, porra! As torradas já estão começando a cheirar, daqui a pouco a gente tira do forno, nem brindamos – brinde!

Fala uma palavra que eu cito alguma irresponsabilidade correspondente.

Infância? Infância irresponsável? Pois é, parece que não fui irresponsável na infância. Tudo começou aos onze anos. Brincadeira. Mas, pensa comigo, a noção de responsabilidade o que é que traz? Irresponsabilidade. Eu experimento o amor e estou supondo ódio. Sabe a "Oração a São Francisco"? Onde houver ódio que eu leve o amor, onde houver discórdia que eu leve a união. Pra mim funciona exatamente assim, só que ao contrário: onde houver justiça que me leve à má-fé. Onde queres prazer sou o que dói, entende? Onde queres família sou maluco, por aí.

Mas não, voltando à sua pergunta, não lembro realmente de nenhuma irresponsabilidade quando criança. Tenho uma história, mas eu ainda não consigo falar sobre ela. Tem a ver com minha mãe.

Nunca fui muito de abordar as mulheres. Nem sei bem qual é minha obrigação, no fundo. Mulher é um evento misterioso, ainda não aprendi a dialogar com elas, com toda a sinceridade. Por isso talvez eu tenha criado uma personagem-vítima, que incita a abordagem em vez de abordar. Conveniência pura, eu sei, um pouco de vaidade talvez, mas é isso, a carência afetiva pode ser um aspecto desmedido de uma personalidade.

Qual a carência do meu plano? Gostei. Carência do meu plano. Eu não sei qual a carência do meu plano.

Proust tem umas relações homossexuais veladas, de memória.

Todos somos recalcados de certa forma. Fuçando sem escrúpulos, quem não tem a infância pincelada de imagens homossexuais? Não é vergonha, não é necessariamente isso que define a sexualidade. O problema é que as pessoas exigem que você desde cedo estranhe esse mundo. Eu lembro de um livro de catecismo intitulado *E só uma família escapou*, escrito por Gil de Almeida Bonfim, um franciscano, nunca vou esquecer do nome dele. Ele falava nesse livro do pecado que é mexer nas próprias partes. "Nunca sujes a Igreja do teu corpo." O pior era que eu achava a frase bonita. Era um caderninho fininho, em papel-bíblia, que vinha com duas historietas, engraçado lembrar disso agora. Uma das histórias falava de um menino que, pra não sucumbir à tentação de se bolinar, partiu a própria língua com os dentes e engoliu o pedaço. "Vou-lhe contar uma história bonita para ti, meu filho", o texto começava bem assim. Agora me diz que tipo de consequência uma orientação sexual como essa pode produzir na mente de uma criança.

Os padres não deixam por menos, tudo uns demônios de batina. Tinha um lá na cidade, o padre Nogueira. Esse padre frequentou muito nossa casa no final da doença do meu pai. O desgraçado não era movido a compaixão, mas a sadismo mesmo. Aquilo dali, rapaz, era um urubu de baba grossa, com sua barbinha rala nojenta, um olhar esgazeado, de hiena castrada. Grande padre Nogueira! Padre Nojeira, como eu e meu irmão dizíamos. Esse daí a essa altura já deve estar malhando o esfíncter com o sem-umbigo.

Padre Nojeira era tarado numa extrema-unção. O trabalho dele era visitar os doentes terminais da cidade, e eu via com que prazer ele fazia isso. O bicho não faltava a um sacramento final. Padre Nojeira vivia com um risinho de canto. A gente dizia que ele era a bruxa de João e Maria, avaliando o mindinho pra ver se o moribundo já estava no ponto. No caso, a finura do dedo determinava o ponto.

Quando minha mãe abria a porta de casa, ele já ia entrando sem pedir licença, cantarolando um "Bom dia, crianças!" de quem dormiu com Mateus. Padre Nogueira tinha uma alma de trombetas, aquele tipo de gente que faz questão de anunciar que está chegando, saca? Minha mãe não gostava daquela invasão lá em casa, mas não dizia nada. A liturgia era sempre a mesma. Ele entrava, entregava a mão pra minha mãe beijar, perguntava a mim e a meu irmão se a gente ia bem nos estudos, se a gente estava rezando pelo nosso pai, e aí já ia nos enxotando pra poder se trancar no quarto com os meus pais. De vez em quando eu e meu irmão, a gente grudava a orelha na porta pra tentar ouvir o que acontecia. A impressão era que só minha mãe falava ou pelo menos o timbre da voz que a gente entreouvia era sempre o dela, mas por que estou contando tudo isso mesmo? Me perdi.

Acho que estão boas, não? Vamos fazer, leva pra sala o queijo, o azeite, o sal, consegue levar a garrafa? Então leva a garrafa que eu levo as torradas e as taças.

O trabalho de socialização dos pais é evitar que o filho seja bicha. Pelo menos foi assim com os meus. Curiosamente, o primeiro xingamento que aprendi na escola foi bicha. De um modo geral, as relações familiares são sempre veladas. Isso é algo que sempre me impressionou. É como se existisse um ralo natural pra onde as verdades familiares escorrem. E quando depois de anos de batalha interna chega o momento da revelação, você é pego de surpresa com coisas que não eram pra ser vistas, ou sabidas, ou entendidas.

Os pais costumam inventar recalques pros filhos. Resultado: gripes, alergias, urticárias. Agora mesmo estou com uma no saco. Quer ver? Brincadeira. Meu homeopata diz que isso é ótimo, que não pode passar pomada. A origem da urticária, segundo ele, não é na pele, então a prescrição é deixar expurgar.

Eu já me perguntei isso, qual é a minha bandeira. Minha conclusão é: rigorosamente nenhuma. Não sou antifamília, não prego discursos ecológicos, nem gay sou. Nem gay sou. Eu não gosto de homem, não tenho paciência pra papo de homem, sinto muito mais prazer na companhia feminina. Não sei se estou me contrapondo, eu penso muito por contraposição, é gostoso esse vinho, não é? A impressão que tenho é que meu papel, minha agência, é me contrapor, por moral, às regras. São confusões íntimas, que tomo como heroicas. Podem nem ser, é provável que não tenham nada de heroicas, mas acho que tenho certa necessidade de me sentir.

De me sentir.

Eu gostaria muito de ser uma pessoa honesta. Tenho tendência ao bom caratismo. Mas não deixo de me perguntar por amor a quem serve esse meu bom-mocismo. Aos outros? A mim? Se aos outros, quem sou eu que não me agrado? Se a mim, quem sou eu que não penso nos outros? É complicado, cara, é complicado pra caralho. A quem você deve agradar primeiro, a você ou aos outros? E o pêndulo dessa pergunta não para. Às vezes eu me esqueço dela, às vezes ela me inferniza. Isso, claro, ao lado de milhões de outras questões do cotidiano.

Outro dia eu lia uns poemas de Ferreira Gullar. Vou dizer, acho Ferreira Gullar uma pessoa sincera de tão inocente que às vezes é. Não na construção do poema, nisso ele é macaco criado, mas na temática, no sentimento que evoca em certas situações. Uma inocência engajada. Acho alguns de seus poemas de um romantismo sem ilusões, um romantismo feito a partir, taí, talvez eu me considere honesto porque, no fundo, sou um romântico. Porque no fundo acredito em completude, em Aristófanes, em amor à primeira trepada.

Se vou até minha infância, dez, onze anos, eu me vejo indo sozinho, onze não, aos catorze, o que é ainda mais estranho, eu me vejo indo sozinho até uma fonte que fica perto lá do cinema, a fonte dos Amores, vou dizer até o ano: 1988. Era muito bonito à noite. Águas, luzes, músicas, músicas muito românticas, violinos. Eu ficava ouvindo aquelas músicas, adorava aquilo, a música das águas, a fonte jorrando "As quatro estações", sonatas de Mozart, guardei disso uma memória sentimental muito forte.

E ao longo da vida, sempre que encontrava alguém, achava que aquela pessoa não me merecia porque eu nunca a amaria o suficiente. Meu romantismo evoluiu pra isso, acho. Não vejo como uma passagem, vejo como uma evolução. Porque continuo romântico. Continuo à procura de alguém pra descansar.

Agora que você pergunta, penso, de cara, em Jesus Cristo. Não, sério, narrando minha vida aqui, neste momento, com você, acho que me sinto descansado, acho, não, eu me sinto descansado na imagem de Ulisses. Não exatamente no Ulisses de hoje, adulto, médico, casado. Eu me sinto descansado na imagem daquele menino presente no enterro do meu pai, entende? Não é a ideia da presença de Ulisses que me faz completo. Não sei se estaríamos juntos hoje. Digo isso porque, e o que digo pro seu gravador nesse prezado segundo é consequência de uma reflexão inédita, fruto dessa nossa conversa aqui, quando penso em Ulisses me vem ao mesmo tempo uma certeza de incompletude pelo fato de eu também ter tesão por mulheres. Esse tesão também me formou, porra! Não é algo que posso descartar. Está impregnado nas minhas glândulas, nas minhas vontades.

Meu ideal de vida amorosa? Meu ideal de vida amorosa. Que eu me relacionasse com um homem e uma mulher

ao mesmo tempo. Três. Uma estrutura assim, de comum acordo. Eles poderiam trepar, claro. Claro! Seria lindo! O problema é que o mundo não é conduzido pra isso ser aceito. A moral pergunta: "Que história é essa de três?". Não existe estrutura civil, jurídica, religiosa pra isso. Deus falou pra Noé: "Ó, meu filho, põe dois de cada aí pra mim, vai!". "Dois?" "É, dois! E par! Um macho e uma fêmea!" "Mas e aquele?" "Quê? Tem um outro ali? Não, aquele lá deixa, me vê só esses dois aí que —————————————
————————————————————————————
————————————————————————————
————————————————————————————
————————————————————————————
————————————————————————————
————————————————————————————
————————————————————————————
————————————————————————————
————————————————————————————
———————— isso no século XVIII, então você imagina que ele mesmo nunca se autoproclamou socialista utópico. Só lá pelo fim da vida, por volta de 1830, é que ele começou a ser considerado como tal, sobretudo pelos positivistas. Se vossência me permite, gostaria de abrir esse nosso terceiro encontro discorrendo um pouco sobre ele porque eu me identifiquei bastante quando li sobre ele pela primeira vez e acho que tem a ver com esses papos que a gente está tendo.

Depois da nossa última conversa, eu pensei bastante na minha estrada romântica, numa certa, vou chamar de, não sem alguma dose de vergonha, confesso, pra você ver como o assunto não é simples pra mim, de uma certa crença secreta no amor. E aí o pensamento foi descarrilhando, descarrilhando, até que lembrei da lei da atração passional de Charles Fourier. Já leu algo sobre ou já ouviu falar dele?

Não lembro agora quem disse que as bases da revolução sexual lançadas por Fourier são tão ousadas que fazem de Freud e Reich dois adolescentes punheteiros, algo assim. Roland Barthes tem um livro intitulado *Sade, Fourier e Loyola*. Edmund Wilson dedica um capítulo de *Rumo à Estação Finlândia* a ele e a outro maluco utópico, Robert Owen. Vargas Llosa também tem um romance bem bom de ler chamado *O paraíso na outra esquina*, sobre Gauguin e a avó dele, dele Gauguin, Flora Tristán. Ela ficou famosa por ser uma das primeiras feministas a aderir às ideias de Fourier. Marx e Engels também fazem muitas referências a ele em seus escritos, e acho que não é exagero dizer que muito do que os dois pregaram no manifesto comunista, e mesmo além, foi sob o véu das ideias libertárias de Fourier. Se o assunto interessar, recomendo esse livrinho aqui chamado *Fourier, o socialismo do prazer*, de Leandro Konder, bem didático, bem escrito, curtinho, suficiente, acho eu, pra fazer a cabeça a respeito desse sujeito no mínimo insólito.

Bueno, começo citando duas frases atribuídas a Fourier que considero um bom resumo de suas crenças. Antes, pra situar você no tempo, Fourier nasceu em, vejamos aqui, vejamos, Fourier nasceu em 7 de abril de 1772, em Besançon, Besançon fica ali pelo centro-leste da França, na altura de Dijon, perto já da Suíça. É a mesma cidade de Victor Hugo. Nome de batismo: François Marie Charles Fourier. A primeira citação é a seguinte: "Não é de moderação que são feitas as grandes coisas". A construção da frase está meio estranha, mas enfim, deu para entender, não é? A outra é assim: "Se não é geral, a liberdade é ilusória".

Essas duas frases explicam, a meu ver, muito sobre Fourier. Explicam, por exemplo, por que ele foi um crítico cáustico da Revolução Francesa. Naquele tempo ele já dizia uma verdade hoje evidente: que nada havia mudado com a queda da Bastilha, que tudo não havia passado de uma troca de poderes. O velho mote do Gattopardo: tudo muda pra continuar igual.

Bom, mas e aí *what a fucking* com isso? *What a fucking* com isso que a partir dessa descrença na Revolução Francesa Fourier começa a procurar o caminho praquilo que seria uma transformação radical da sociedade. Ele próprio conta em seus escritos que o estalo veio de uma maçã, uma maçã, acho interessante isso porque projeta o caráter universal da sua persuasão, uma maçã que ele compara à maçã de Newton, segura isso pra mim e me passa esse pacote de seda aí, obrigado. Fourier descobre na hora de pagar a conta num restaurante, em Paris, que a maçã pedida de sobremesa pelo amigo vinha lá de Besançon, e que ela custava na capital cem vezes, veja bem, cem vezes mais que na origem. Essa constatação descortina pra Fourier toda a, a expressão é dele, abre aspas, "desordem do mecanismo industrial", gostou do descortina? A partir dessa maçã de Besançon, Fourier começa a arquitetar sua denúncia dos males da civilização, você não fuma, não é? Já perguntei isso.

Uma das principais questões de Fourier era que a civilização tal qual ela se apresenta, leia-se, monogâmica capitalista, não é uma verdade irrevogável, mas simplesmente uma forma de organização social, uma forma tacanha, camacha, incompleta, cristalizada numa fórmula que impede homens e mulheres de se relacionar entre si puramente, profundamente, veja que conjugo os verbos de propósito no presente. E aqui finalmente a gente chega à lei da atração passional, vou servir nossa já habitual dose de lugar-comum. Gelo ou sem? Música, maestro!

Muito bom *Time Out*. Faz tempo que não ouço esse vinil. Aqui seu copo, Charles.

Bom, na lei da atração passional, muito rasamente, o impulso que leva uns a se sentir atraídos pelos outros é o mesmo impulso descrito por Newton a partir da queda da maçã. Segundo Fourier, é com base nessa lei amorosa da gravidade, vamos chamar assim, que Deus organizou o universo em todas as suas escalas. Mas aí – aí! – entra o problema. Enquanto os astros obedecem exclusivamente à ordem divina, girando ali, bonitinhos, em volta do Sol, os homens, cegos de egoísmo, ganância, inveja et cetera, criamos bloqueios à atração natural dos nossos corpos, efeito também conhecido como paixão, esse, abre aspas mais uma vez por favor, "impulso natural anterior à reflexão". Linda essa definição da paixão, não é? Impulso natural anterior à reflexão.

Pra Fourier, a civilização estava, e eu atualizo: continua, corrompida, e só teria salvação se passasse por uma transformação drástica, original, praticamente um novo Gênesis, de modo que a felicidade finalmente cobrisse o mundo com seu edredonzinho gostoso. E como se daria tal transformação? Criando meios pra que as pessoas desabrochassem seus sentimentos mais recalcados, suas vontades mais entranhadas, aquelas que passam a maior parte das nossas vidas, quando não toda a vida, pulsando no modo hibernar, aleluia, pastor!

A paixão, segundo Fourier, seria a catapulta da nossa civilização pra um estágio superior, batizado por ele de Harmonia, um estágio de graça e bonança, uma espécie de Woodstock *avant la lettre*, não só imaginado como arquitetado enquanto monsieur Bonaparte fazia a guerra, não é maravilhoso isso?

Fourier, por exemplo, era contra a monogamia, que classificava de escravidão conjugal. O casamento, pra ele, é algo que vai de encontro à natureza. Fourier acreditava que um dos motivos pelos quais a Revolução Francesa tinha fracassado havia sido o fato de não ter extinguido o matrimônio. O resultado disso, o resultado, digo, a solução é que o amor, olha que pensamento bonito, o amor, pra sobreviver às amarras conjugais, precisa ser subversivo, o amor precisa ser um agente conspirador trabalhando pra romper a moral. Ele acreditava tanto nisso que em determinada época chegou até a se interessar pela figura do corno. Computou uns setenta tipos. "Feliz não é o homem-marido, mas o homem-amante", ele escreveu, ou eu inventei, já não lembro, passe aquele cinzeiro ali, por favor. Não quer mesmo? Um tapinha? Ah, bravo! Obrigado pela companhia.

Outro tema importantíssimo pra Fourier: as virgens. As virgens, segundo dizia, são um termômetro da sociedade. A existência delas é um sinal de atraso. Fourier defendia que o progresso de uma nação tinha de ser medido a partir do grau de liberdade sexual das mulheres. Uma hora, como deve ser, ele não aguentou ficar só no mimimi e partiu pra prática.

O primeiro passo foi criar as comunidades utópicas, que ele batizou de falanstérios. Pra arrumar dinheiro, foi atrás dos industriais, a turma da grana de sempre que.

Falanstério? Um neologismo, mistura de falange com monastério, se não me engano, tem no dicionário, deixa eu ver aqui rapidinho, peraí, deixa eu pegar aqui o Houaiss.

Aqui, falanstério: "Substantivo masculino. Um, rubrica: filosofia, sociologia. No fourierismo, organização comunitária concebida como uma realização plena da natureza humana, por meio do encontro entre princípios socialistas, como a propriedade coletiva dos meios de produção, e prescrições comportamentais, que incluem a plena liberdade sexual. Dois, derivação: por metonímia. Local onde vive e trabalha essa comunidade; falange. Três, derivação: sentido figurado. Grupo que vive em comunidade; domínio onde ele vive e trabalha".

Esses falanstérios teriam várias categorias de mulheres, todas elas dedicadas à prática sexual. As *bayaderas*, por exemplo, não me pergunte a origem do nome, praticariam o amor caritativo com velhos, deficientes físicos, viajantes, doentes etc. Não vou lembrar tudo de cabeça, mas nos falanstérios teria ainda homens e mulheres designados pra trepar com trovadores, com sadomasôs, com sapatas, com fetichistas, em bacanais, putaria louca, rapaz, tudo pelo social, pastor, aleluia! Outra ideia a ser concretizada nos falanstérios: agrupar os pervertidos por afinidades. Sadomasô com sadomasô, voyeur com voyeur, punheteiro com punheteiro. Olha esta frase dele: "Cada um tem razão em suas manias amorosas já que o amor é a paixão da desrazão". O amor é a paixão da desrazão.

Outra classificação criada por Fourier, e pra mim a mais bonita de todas, é a das paixões, vou concluir com isso, certo? Antes. Não, deixa, vamos lá, rapidinho. Fourier dizia que Deus tinha dado ao homem doze paixões radicais. E que apenas satisfazendo todas ao mesmo tempo ele atingiria sua plenitude ontológica. As cinco primeiras paixões, deixa eu pegar o livro de novo. As cinco primeiras paixões seriam as paixões dos sentidos, aquelas que relacionam os seres e as coisas: a paixão de olhar, de ouvir, do paladar, do olfato, do tato. Gosto muito dessas. As quatro paixões seguintes determinariam as relações interpessoais: a paixão da amizade, a paixão do amor, a paixão da ambição, a paixão da família, está acompanhando, paixão? Recapitulando. As primeiras cinco: paixões dos sentidos. As quatro seguintes: paixões das relações. E as três últimas, e aqui o cara mostra o grau da sua loucura, as três últimas paixões ele cunhou de distributivas. São distributivas, vamos ver, são distributivas, cadê? São distributivas a compósita, a borboleta e a cabalista. A compósita, vou ler, "é a paixão do entusiasmo, da entrega do sujeito a uma causa, a um ideal, a algo que ele põe acima de sua conveniência estritamente pessoal. A borboleta é a paixão de variar, a necessidade de ir de flor em flor, sem se fixar em uma coisa só". Conheço gente assim. Por fim, "a cabalista é a paixão conspirativa, que leva o sujeito a se assumir como particular no interior de qualquer coletividade". Essa paixão cabalista, agora segundo Leandro Konder, "é uma paixão essencial para que o coletivo não anule as diferenças, que são as contradições dentro do mesmo grupo. As divisões internas, as tensões entre indivíduos, são o que vivifica a dinâmica da sociedade".

Em suma, de acordo com Fourier, todos temos essas doze paixões radicais. Pra infelicidade do mundo, elas sempre se manifestam em momentos e intensidades diferentes. O tempo da Harmonia terá chegado, diz ele, no dia em que homens e mulheres se sentirem aptos a exercer a liberdade necessária pra que essas paixões se manifestem todas – todas! – ao mesmo tempo, louvado o Senhor, pastor, aleluia! E disse Fourier: "Nosso problema não é o de desejar demais, é o de desejar de menos". E disse mais: fodei, fodei, irmãos, fodei! "É na embriaguez do amor que o ser humano acredita elevar-se ao céu e partilhar a felicidade de Deus. A ilusão não é tão nobre…"

Puta que o pariu! Bicho, se você escreve isso, vão achar que é ficção. Cacete!

Ouça meu conselho: tu és responsável por aqueles que sodomizas. Vou contar por quê, enfim, deixa só eu terminar de responder aqui.

Quem mandou essa mensagem pro meu celular agora foi Peter Pan. Parece brincadeira, não é? Peter Pan é um menino que conheci na internet outro dia. Olha, internet, vou dizer, é um negócio muito interessante. Eu confesso que me sinto um pouco menos solitário depois da internet. A internet me fez um pouco menos incompleto. Posso dizer que ela é hoje o principal meio a manter minha próstata em dia. Porra, pra quem passa a maior parte do dia no computador, a internet é um alento. Entre um parágrafo e outro que escrevo, passo o dia baixando sacanagem. Filminhos pornôs, muitos, a todo instante. Tem horas que estou trabalhando de fato, de repente no meio de um texto salta na tela um pau esfolando uma xota.

Bom, mas aí um dia, num desses chats da vida, me aparece esse moleque, Peter Pan. Chamo de Peter Pan porque ele realmente fez o papel de Peter Pan numa peça infantil. Ele é ator, tem dezoito, dezenove anos, no máximo. A beleza no ápice da juventude. Pra mim é isso, não importa se é menino, se é menina, o que importa é a juventude. *Oisive jeunesse, I love you! I love youth! I love* mulher também, já disse isso, mas *I love* acima de tudo a juventude, de qualquer gênero.

Como é Peter Pan? Fisicamente, você diz? Vamos ver. Olhinhos inocentes, boca pervertida, loiro, cabelos espanados pra cima com gel, um único pelo no corpo, um *taata vahine* escandinavo, eu diria, daqueles que Gauguin certamente não dispensaria se——————————————
——————————————————————————————
——————————————————————————————
——————————————————————————————
——————————————————————————————
——————————————————————————————
——————————————————————————————
——————————————————————————————
——————————————————————————————
——————————————————————————————
——————————umas quatro da tarde. Às sete da noite, ele já estava aqui na sala, de saia. Tudo bem que eu pedi pra ele trazer uma saia, mas daí a trazer uma mala entupida de saias e vestidos e saltos, porra, já é perversão demais, não acha não? "Ah, não esquece as calcinhas!" Foi mais ou menos assim que falei pra ele no fim da conversa.

Nada, ele entrou na brincadeira sem. Peter Pan é do palco, ele gosta de se montar. De se montar, eu digo, ele gosta de se fantasiar.

E o estojo de maquiagem do rapaz? Precisa ver o estojo de maquiagem dele. Profissional, o menino. Uma hora chegou a rolar a questão de usar batom ou não, pra não sujar minha roupa.

Não vou dizer que não fiquei com um pouco, sei lá, não sei se medo, constrangimento, não sei, mas imagina, você convida um desconhecido meio de sarro, meio sério pra vir até sua casa, e aí esse desconhecido é um pós-adolescente que chega puxando uma mala de rodinhas abarrotada de roupas femininas. Me diz? Ou no fundo eu sou careta?

Eu não sei dizer, não sei se foi uma sensação de invasão, uma sensação provocada por mim. Em mim. Uma sensação estranha. Mas, enfim, Peter Pan entrou por aquela porta, meio tímido, tudo bem, tudo bom, fique à vontade, *welcome you*, pode deixar a mala aqui etc., aí fizemos o tour de praxe pela casa, aqui é a sala, aqui é o quarto, aqui é a cozinha, aqui é o banheiro, não entendo por que as pessoas gostam disso, mas tudo bem. Falar nisso, uma lembrança fora de hora, também não entendo essa história de arregalar o olho na hora de brindar, já viu isso? Mas, bom, Peter Pan chegou aqui em casa, e vai ao terraço, vai ver a vista, volta pra sala, começa papinho, serve uma dose, baila na música. Eu já começava a relaxar, como diz um amigo meu, o Kiko, no décimo sexto dia de férias, até que uma certa hora, rapaz, Ulisses, Ulisses não, Peter Pan, olha o que beber e fumar faz com a cabeça do sujeito, uma hora Peter Pan interrompeu bruscamente a conversa e perguntou assim: “E aí, onde posso me trocar?”.

Aqui, rolou um momento de tensão. Eu respondi, meio sem força: “Vai lá no meu quarto, se quiser”, mas sem muita convicção. Eu senti. Eu confesso que não gosto muito que entrem no meu quarto. Principalmente transformistas. Mas lá foi o travequito com a malinha dele da *vingt-cinq*. E aí, pra desespero meu, o travequito começa a demorar. Começa a demorar e eu sem saber o que esperar lá de dentro. Foi quando me bateu a paranoia, acho. O silêncio... Espera que vou pegar mais gelo pra gente.

Aquele silêncio no quarto. Deu uns minutos, não aguentei e gritei lá pra dentro: “Oi! Vou colocar uma música pra sua entrada, tá?!”. Falei mais pra apressar, mas o travequito nem tchum. Eu vou dizer que nessa hora eu fiquei com medo de sair do quarto um lutador de telecatch mascarado, empinando uma motosserra com um mandiocão de borracha na ponta, já pensou? Um Jason sadomasô. Juro a você que cheguei a imaginar alguma coisa assim.

Foi quando ela fez a entrada ao som do bandoneón de Piazolla, linda, lânguida, na música, sincera, era uma menina perfeita aquilo, rosto delicado, maquiada na medida, concentrada na dança, sainha curta, calcinha pequena, quando vi aquilo, rapaz, me deu um revertério, uma nostalgia, não sei se era a música, uma vontade de chorar, era uma menina linda o que eu tinha na minha sala, transformando a natureza da minha sala, onde eu tantas vezes danço só, uma menina linda, e eu aí já me chegando, todo amolecido, os olhinhos aguados, coitado de mim, feliz, tão feliz, orbitando em volta dela, piazzolando junto com ela, brincando feito um gato com a saia pregueada, e já afastando a calcinha de lado, e ela achando graça, juro a você, não deu quarenta segundos de bole-bole, eu já estava sujando a saia do moleque.

Não, foi, essa noite ficou só nisso.

Sim, sim, claro, de vez em quando ainda me visita, sim. Mas sabe que não. Ele até traz a mala, mas na maioria do tempo a gente bebe e fuma e conversa e declama ou ensaia algum texto no terraço.

Deu vontade de colocar Piazolla agora, posso? Não é o CD que coloquei na estreia de Peter Pan, é outro, chama *Zero Hour.* Roubei de uma ex-namorada.

Em homenagem a ela – a elas – aqui vai *Zero Hour* às, deixa-me ver que horas são, duas e quarenta da madrugada.

Você perguntou ainda há pouco o que me interessou no Peter Pan. Eu vou dizer. O que me interessou no Peter Pan. Deixa eu pensar. O que me interessou no Peter Pan acho que foi o que poderia haver de menina nele.

Os nhambiquaras chamam o relacionamento entre dois homens, ou entre duas mulheres, de amor-mentira.

Eu vejo mais ou menos assim: existem duas categorias sexuais, masculino e feminino. E entre essas duas categorias, alguns gêneros. A mim, o que me interessa numa relação, não importa o gênero, é inevitavelmente, irrevogavelmente, o ponto de vista feminino. Ou melhor: minha perspectiva do feminino a partir de um ponto de vista masculino. Eu procuro, talvez sempre tenha procurado, o que há de feminino num corpo, seja numa namorada, num amigo, num transadolescente, num filme de sacanagem, numa bunda na multidão. O que me instiga, o que sempre me instigou, é o gênero feminino, mais do que o sexo feminino. E se for jovem, então, aí, meu querido, *mi alma niño y niña*.

Nada, nada é simples por debaixo da roupa.

Eu falei ainda há pouco dos *taata vahine*. *Taata vahine*, ou *mahu*, grosso modo, e se eu estiver falando obviedade, me perdoe, eram taitianos do sexo masculino, jovens que se comportavam, vou falar no passado porque não sei se o costume permanece, *Taata vahine* eram jovens que se comportavam socialmente como mulher. Eles se enfeitavam com flores na cabeça, cozinhavam, costuravam, cuidavam da casa, e isso era a norma. Paul Gauguin pintou *taata vahines*, olha que bonita essa música.

Eu juro a você, não entendo esses machistas que vociferam contra os gays. Eles querem o quê? Falando sério, eles querem o quê? Mais homens no mundo? Ficam dizendo que o outro precisa ser macho. Falam assim: "Sou macho pra caralho!". Justamente: caralho. O macho pensa logo em caralho. O macho fica ofendido porque o gay não representa a masculinidade. Como não? Gay não gosta de homem? Como o macho pode dizer que o gay não levanta a bandeira da masculinidade? O gay é mais uma mulher no mundo, falo do gay clássico, não do gay-pavão. Alguém que sabe que faz parte do jogo das diferenças. Que sabe que não existe um meio-termo. Que tenta se encaixar nessa falsa polaridade chamada homem-mulher. Que de certa forma precisa ocupar um ponto de vista no mundo. Pensando assim, o macho reclama de quê? O machista é a favor do macho? Então senta logo no torniquete e relaxa, porra! Todo machista é um gay travestido. Eu sei que essa ideia não é nova, mas eu li não sei onde que isso foi cientificamente comprovado há pouco tempo. Que homem de verdade o quê, meu filho?! Vamos feminilizar o mundo, caralho! Deixa em paz quem não quiser ser homem de verdade, pastor, aleluia, irmão! E viva a mulher! Viva a menina! *Quem dera pudesse todo homem compreender ó mãe, quem dera…*

Imagina que maravilha se um dia a feminilidade se espalhasse pelo mundo. Aí você me pergunta: por que a feminilidade, e não a masculinidade? Bom, primeiro porque eu acho que menina é algo plasticamente mais bonito que menino. Segundo porque, como irreversível espécime do gênero masculino, considero bom predar, capturar, devorar uma bunda. Cara, a bunda. O que é uma bunda? A bunda. Até a palavra bunda é bonita. Bundamel bundamor. A visão de uma bunda. Pra mim funciona mais ou menos assim: primeiro vem a bunda, depois vem a dona da bunda. Sério. No princípio é sempre a bunda. Fiat Bunda. E a bunda fez a mulher.

Aqui vai um brinde – brinde! – às mulheres com bunda. Um brinde também – brinde! – às bundas com mulher. Mas a bunda, deixa eu ir na cozinha rapidinho renovar seu copo, gelo velho não faz bebida boa, guenta aí.

Voltando. Mas aí a bunda me remete a uma outra questão, que é a da frustração. E eu pergunto: existe frustração maior do que ver uma bunda bonita na rua e não poder pular em cima e beijar devotamente, como se fossem as mãos de uma Madona de Antonello de Messina, vá saber por que veio essa imagem agora.

O que significa a frustração? Querer algo que não se consegue ou não se conseguiu atingir ou obter. Aquele que não consegue o que quer é um malogrado, um fracassado. Mas quando o frustrado entende que o problema é o querer. O frustrado precisa desencanar do querer. Aí você pergunta mais uma vez: mas isso não vai apassivar a vida, deixar a vida morna, branda, sem quereres? Tenho duas respostas pra isso. Uma é: vai, e eu estou bem assim, obrigado por perguntar, mas é que querer demais implica proporcional frustração, e eu não sou muito chegado a frustração. Essa seria a primeira resposta. A segunda seria dizer que, carente do jeito que sou, o que desejo mesmo é o querer do outro. Clichê desbotado, eu sei, mas se por alguma sorte a outra pessoa que me deseja for desejável, aí, meu amigo, *les jeux sont faits*.

Problema é chegar lá.

A ação, ou melhor, a falta dela, é uma sombra importante na minha história. Já é a segunda vez que um amigo meu, o Humberto, me diz que eu preciso reagir. Eu nunca falei isso pra ele, mas eu não tenho certeza de que sei reagir. Ou como reagir. Ou mesmo se devo reagir. Reagir em nome de quê? Nem criança morrendo de bala perdida desperta mais as pessoas da hipnose que virou tudo isso. Hoje em dia, uma tragédia apaga a anterior e tudo segue.

Sim, concordo, difícil passar uma vida inteira sem reagir, mas agora, aqui, tendo você e seu gravador como testemunhas, eu digo que eu não sei como reagir. Eu não sei, repito, eu não sei como reagir. E digo mais: eu não sei reagir. E pior: eu não sei reagir.

Eu me sinto inatingível. Abordar uma mulher. Abordar uma mulher, pra mim, significa o desmanche de todos os possíveis. Quando abordo alguém, eu instantaneamente elimino todas as possibilidades. A pessoa abordada se torna uma via única, com suas barricadas no caminho, que vão se somar às minhas, e eu confesso que não me sinto muito confortável com esse desmonte. Prefiro ficar com tudo o que poderia ter sido a ter que engolir uma negativa. Um egoísmo solitário? Talvez. Bem, que seja. Mas é isso, a pessoa abordada também se torna agente. Tem gente que se encanta nessa agência. Eu me encanto na bunda, é diferente.

Falar nisso, rapaz, outro dia, semana passada, minto, retrasada, na semana retrasada, num evento, eu me encantei por uma bunda. Juro a você, caí apaixonado, apaixonado de ficar aqui em casa, deitado no sofá, ouvindo música, pensando nela. Sério! Eu tenho um amigo que trabalha numa revista customizada, ele vive recebendo convite de lançamento de produto, esses eventos promocionais, porra, você também é jornalista, você sabe, isso daí é um maravilhoso mundo vasto, uma etnia curiosíssima. Eu e esse meu amigo, a gente faz uma espécie de Simba Safári humano. A gente chega, encosta num canto e aí passa a noite observando o comportamento daquela gente, os machos de meia-idade engravatados, as fêmeas de vestido longo e tailleur, as secretarinhas rechonchudas, todos tirando foto de todos no celular, comendo ravióli de réchaud nas coxas, bebericando espumante barato, um negócio bastante sintomático, mas, enfim, estávamos nós no lançamento de uma empresa de seguro de carro num hotel de luxo, desses de grife, não sei se pode falar o nome, e também foda-se, tanto faz. A certa altura do ritual, porque é isso, esses eventos não passam de rituais urbanos, mas aí, bom, a certa altura da noite ela passa por mim com um sorriso lindo, de anca a anca, numa calça de lycra preta, colada, calcinha pequena, marcando suavemente. Ela era tão perfeita, mas tão maravilhosa, que na mesma hora levantei os olhos pra saber quem era a dona daquela bunda. E a dona era uma garçonete, muito bonita também, um rosto singelo, uns traços cafuzos bem marcados, linda!

Uma hora lá essa garçonete notou que eu olhava compulsivamente pra ela e aí veio ao meu encontro, achando que eu queria um canapé. Vê só que maravilha de cena. Quando ela chegou, me estendeu a bandeja, assim, sorrindo. Eu peguei um canapé constrangido e fiquei segurando a torradinha no ar, paralisado, eu encarando a garçonete, a garçonete me encarando, o sorriso da coitada esmorecendo de tanto constrangimento, sem saber se podia se retirar ou. Até que eu perguntei pra ela, na lata: “Você tem namorado?”. E, glump, enfiei o canapé na boca.

E aqui vem a parte comovente da história porque, em vez de simplesmente pivotar e sair, ela ficou parada na minha frente, rearrumando os canapés na bandeja, de olhos baixos, entre envergonhada e terna. E aí deu o tiro fatal nesse meu coraçãozinho frouxo. Ela riu de leve e disse assim: "Você não precisava ter perguntado". E ficou esperando minha reação.

E aqui acho que aquela história de frustração bateu porque de————————————————————

————————————————————————

————————————————————————

————————————————————————

————————————————————————

————————————————————————

————————————————————————

————————————————————————

————————————————————————

————————————————————————

——————— em 1910. Quantos anos você acha que ele tem nessa foto?

Se fosse 1930, ele teria vinte anos. Ele está com cara de vinte anos aqui, não acha?

Não sei, é difícil. Não consigo.

Essa foto? Numa cabine automática.

Pois é, acabou. Ainda dá pra encontrar algumas por aí. Mas era tão mais bonito. Hoje qualquer buraco faz essas três por quatro digitais horríveis, um negócio chapado, estourado, parece foto de cadáver, só falta o algodão no nariz da pessoa.

Eu sei que ele tirou esse retrato numa cabine porque minha mãe me disse. Na realidade, ele contou a ela porque ela nem era nascida quando meu pai fez essa foto.

Minha mãe? Ela é de 1942. Ou 1946. Ou 1944. Não sei. Sei que é ano ímpar. Ou par. Não sei. Vou até tirar essa dúvida com ela depois.

Também não sei quantos anos eles tinham quando se casaram, não faz pergunta difícil, caralho! O que eu sei é que meu pai tinha sessenta e quatro anos quando eu nasci. *When I'm Sixty-four*.

Eu consigo imaginar meu pai entrando na cabine de foto pra fazer essas caretas. Olha essa postura! Você vê um desenho de corpo aqui, uma ondulação que ele reproduzia nas pinturas que fazia.

O quê, as pinturas? Meu pai foi caricaturista na juventude, eu não contei isso? Não contei? Sério? Pois. Antes do Brasil e das pulgas ele foi pintor. Chegou a juntar um dinheiro bom fazendo retratos por encomenda. No fim da vida ele retomou a pintura, mas só até a doença virar pra valer. Eu lembro dele pintando na varanda lá de casa, sem camisa.

Sim, sempre na paralela do cinema. Isso minha mãe.

Não, o cinema ele nunca deixou de lado. Foi a prioridade incondicional até o fim.

Aquela pintura ali, do Rodolfo Valentino, por exemplo, é dele. Se você for lá na cidade, vai descobrir um tanto de quadros feitos por meu pai na casa das famílias mais antigas.

Aqui nessa foto é ele pintando de cavalete em Nova York. Ou na Itália, não tenho certeza, precisaria saber o ano. O *punctum* é o cigarro no bico, veja só.

Nessa outra foto é ele em Chicago, 1928. Essa minha mãe sabia a data, está aqui anotada no canto, vê?

Rapaz, ele aqui está a cara do Chico Anysio jovem, não é, não? Essa sobrancelha. Tem alguma coisa escrita nessa foto, mas. Porra, caralhinho de quatro, não dá pra ler o que está escrito aqui, vê se você consegue. Porra, ela deu uma cagada forte nessa moldura, hein?

Quem fez essas molduras todas aqui de casa foi uma moça chamada Berna, minha mãe chamava ela de berne, aquela larvinha de mosca. Berna hoje mora nos Estados Unidos. Isso já faz uns dez anos. Berna foi pra lá casada com um americano que conheceu aqui no Brasil, diretor da filial de uma seguradora gringa. Vê só que história, o sujeito foi atropelado por um motoboy e ficou paraplégico ou tetraplégico, algo assim, acho que tetraplégico. O seguro cobriu o tratamento todo em Boston, e aí Berna foi junto. O sonho de Berna era morar nos Estados Unidos. Taí.

Não chegava a ser feia, não. Mas também não tinha encanto.

Não, até casar ela trabalhava na loja de molduras do pai, que fica ainda hoje inclusive na rua do cinema. O prazer de Berna era cozinhar, imagino que permaneça. Ela adorava presentear os amigos com comidinhas. O problema era que fazia o delivery pessoalmente só pra ficar de papinho com o contemplado. Um dia, rapaz, eu com essa minha impaciência pra papinho, comecei a me chamegar pra cima. Vi o elástico da calcinha fora da calça e dei uma estilingada assim de leve, mas ela não entendeu, ou não quis, preferiu continuar contando histórias da mãe, uma relação meio complicada, enfim.

Berna, Berna, que loucura! Teve um tempo em que Berna deixava todo dia uma marmita na portaria do cinema pra mim. Eu já fazia o pedido por telefone na véspera: "Poxa, hoje me deu uma vontade de um franguinho com farofa...". No dia seguinte, lá estava o franguinho. Pior que o franguinho dela era uma delícia, ela fazia um molho. Minha mãe não gostava dela por isso, acho. Havia uma disputa alimentar entre as duas, mas por que comecei a falar de Berna mesmo, viu o cinzeiro por aí?

Outro dia eu encontrei um amigo num show, cara, falar nisso, outro parêntese rápido. Se bem que não. Eu ia falar de Rita Lee, mas eu gosto dela, tanto que estava no show. Mas aí no show eu encontrei com esse meu amigo, eu estava, vamos assim dizer, avariado, porque teve um esquenta pesado antes na casa do Paulinho, Paulinho é outro amigo, o negócio lá era feijoada completa, pó, maconha, tudo, uma desgraça! Aí cheguei na porta do show assim, um olho fechado, outro esbugalhado. Pra caminhar, eu tinha que arquear de leve as costas e as pernas, parecia a velhinha da *Praça é Nossa*. Aí encontrei esse meu amigo no show, e na conversa surgiu o nome de Berna. Foi isso. Só. Essa volta toda pra chegar nisso, não é? Foi mal. Mas enfim.

Como diz Ferreira Gullar: e foda-se! Vamos aqui voltar pras fotos.

Essa foto sou eu e meu irmão no alpendre da casa velha. A gente chama de casa velha porque é nossa ainda. Quem mora hoje lá é uma família judia, dessas bem tradicionais, a gente fez uma visita a eles há pouco tempo. A fruteira em cima da mesa da sala só tem caixinha de remédio genérico. Eles são divertidos. O avô usa um aparelho pra surdez, então no almoço, quando todos começam a falar histericamente ao mesmo tempo, o velho desliga o aparelho e fica ali na boa, comendo na maior calma, em silêncio.

Na frente da casa velha tinha, ainda tem, um jardim pequeno com um caminho de pedras todo ladeado por uns arbustos secos. Esse caminho desemboca numa alamedazinha de uns cinco ou seis metros de comprimento, que dá na rua. É uma casa com dois quartos pequenos, sala de tamanho médio, cozinha de tamanho razoável, um segundo quintal na parte de trás. Segundo minha mãe, eu aprendi a andar nesse caminho de arbustos, na frente da casa. Eu tinha onze meses de idade. A cena que ela conta é que ela estava comigo no colo, sentada na escada. Quando vi meu pai chegando do cinema eu saí cambaleando até ele, sorrindo, babando, banguela, os braços abertos.

Entende por que não faço análise? Você fica, registre aí o que vou falar, por favor: "Boa noite! Oi, boa noite. Estamos aqui hoje em mais um *Pensando Alto*, gostaria de agradecer sua audiência, caro ouvinte, um abraço pra você meu amigo, minha amiga, você que é chegado numa tarja preta, o programa de hoje começa com a seguinte afirmativa: 'Eu evito a psicanálise para não descobrir minhas verdades'. Vamos ver se temos alguém na linha...".

Enfim, mas é isso. Quando você conta, quando você, não, quando eu conto uma história a meu respeito, eu inevitavelmente crio, eu inevitavelmente produzo verdades. Eu inevitavelmente descubro o pano de prato que esconde minhas verdades. E uma vez descobertas, essas verdades passam a fazer sentido. Verdade é tudo aquilo que faz sentido. Eu não faço análise por isso, porque tenho medo de produzir sentidos em mim. E uma vez produzidos, os sentidos se tornam ativos, poderosos, agentes. E aí a gente volta àquela história da abordagem. Criar verdades é eliminar os possíveis. Chegar a essa fase, pra mim, seria virar refém da própria narrativa. Dada a estrutura, não importa mais o que é verdade ou não, ou foi. Importa é que a narrativa que você construiu agora faz sentido. E como todos precisamos de sentido pra viver. No fundo, estamos falando de mito.

Escuta, por falar em mito, e se a gente fizesse algum bocado? Fome é uma coisa que começa a fazer sentido às três da manhã. Não almocei, acredita? Acordei meio-dia e pouco, tomei meu cafezinho ralo, comi uma banana, um iogurte mais à tarde, só. Aqui tem pão, tem queijo branco, eu comprei figo, tem mel, tem salame também, dá pra fazer umas bruschettas. Faço com figo e mel e faço com tomate, alho e azeite. Vamos lá na cozinha que.

Irmão, não é? Meu irmão. Meu irmão está por aí.

E eu não estou nem aí para ele.

Adoraria que isso tivesse graça, digo que já teve, não tem mais.

Hoje posso dizer que me sinto desapegado do meu irmão. Existe ali uma doença, mas existe também uma malandragem, uma preguiça, uma vileza. Chegou uma hora, concluí que o melhor pra mim era saltar do trem.

Eu e minha mãe já fizemos por ele o possível, o mais que possível, o antepossível. Mas ele.

Desde os meus catorze anos eu seguro a onda do meu irmão, junto com minha mãe, que se torna uma pessoa a cada dia mais e mais esmaecida, mais e mais soterrada, e eu no papel de pai do meu irmão, separa esse manjericão, por favor, só arrancar as folhinhas, pode ir colocando do lado, aí, obrigado, eu pico alho e os figos.

Olha, pra alguém parar de beber não existe clínica, não existem doze passos, não existe Luana Piovani, não existe diet shake, não existe Jesus, não existe nada além de uma coisa: querer.

Tem um personagem de Alain Delon num filme muito bonito, *A primeira noite de tranquilidade,* de Valerio Zurlini, que diz assim: "Nada como a falta de liberdade para proporcionar momentos de alegria".

Nos últimos, deixa eu pensar, pelo menos nas últimas duas décadas da história da humanidade, estamos falando exatamente da virada do segundo pro terceiro milênio da era cristã, o mundo explodindo de tecnologia, de atentado, de relações, reais e virtuais, de ansiedade, do caralho, pois bem, durante esse período suponho que excitante da história da humanidade, o que minha mãe e eu mais fizemos foi compartilhar tristeza, choro, conversas pra decidir o que fazer com meu irmão. Tudo o que a gente não teve desde o dia em que meu irmão implodiu, desde o dia em que a doença o isentou de responsabilidades, porque é isso, no fundo, desde esse dia, o que minha mãe e eu não tivemos se chama liberdade.

Uma grande frustração minha foi nunca ter feito uma viagem grande, sozinho, que durasse o tempo que eu quisesse, sem me preocupar em deixar minha mãe sozinha com alguma eventual crise do meu irmão. Que não foram poucas, e essa é minha única consolação, saber que eu estava por perto quando minha mãe precisou. E que eu ajudei, olha que bonito esse piano, isso é Bill Evans, *The Paris Concert*. Os discos solo dele são os mais bonitos. Enfim, foi nesse contexto de falta de liberdade que procurei realizar as pequenas alegrias da minha vida. Alegrias a granel.

Enquanto isso, os filmes seguem me consolando.

Não sei. Acho que sim. Foram tão poucos, acho que eu posso citar pra você. Instantes de alegria nesses últimos vinte anos... Deixa eu ver. Será que posso? Não lembrei de nenhum.

Quando meu exame de HIV deu negativo talvez.

Thomas Bernhard, sabe? Sei que é chato ficar fazendo citação, mas vai se foder, você já me entendeu. Thomas Bernhard, austríaco, *O sobrinho de Wittgenstein*, *Perturbação*, *Naufrágio*, só título leve. Uma vez ele declarou que o homem envelhece, ganha rugas e morre por um motivo só: porque a maior parte de sua vida foi triste.

Mais uns dez minutos e a gente tira do forno.

Meu irmão passa meses internado. E toda vez que ele sai é uma espécie de recomeço pra mim e minha mãe. No bom e no mau sentido. Porque a gente vive continuamente a esperança de que ele afinal deu jeito. Arrisco dizer que mesmo ele, toda vez que volta pra casa, acredita nisso. Ele já declarou algo assim uma vez, na mesa do almoço. Que sabia do trabalho que dava, pediu desculpas, tentou se justificar, chorou, falou do nosso pai, ele tem consciência disso, ou pelo menos formulou algum sentido parecido com aquilo que contei pra você, da responsabilidade de se tornar o provedor da casa, da cruz que carrega, sem que ninguém tivesse dito nada, óbvio, porque em nenhum momento.

Sei lá. É um drama. Um drama como qualquer outro. Pior que uns, melhor que outros, mas um drama. E não sei se minha mãe hoje ainda tem —————————————
——————————————————————————
——————————————————————————
——————————————————————————
——————————————————————————
——————————————————————————
——————————————————————————
——————————————————————————
——————————————————————————
——————————————————————————
——————perceber no que dava. Uma hora já era mais ou menos normal, por exemplo, quando ele sumia.

A gente via como trapalhada de adolescente bebendo com os amigos, fazendo merda na rua, nada muito louvável, mas também nada fora dos padrões. Só que aí o cara chegava de manhã em casa absolutamente careta, dizendo que não tinha ido a festa nenhuma, que tinha passado a noite por aí. Por aí. Eu tenho pra mim que devia ser verdade mesmo, e o problema no meu entender foi que a gente demorou a se dar conta disso. Eu lembro que já era história que se contava na turma o fato do meu irmão gostar de andar de madrugada sozinho. Mas eu nunca. Se bem que eu não podia, eu mal sabia, eu não tinha condições de perceber, eu não sabia como.

E é foda, porque encher a cara feito um idiota numa festa com os amigos é menos triste do que ficar andando na rua sozinho de madrugada.

Aos poucos, a gente começou a notar nele uma personalidade extremada. De repente, numa hora qualquer, girava um botão ali dentro que dava um nó nas sinapses. De um minuto pro outro o cara desandava, do nada, assim, começava a falar coisas estranhas, a ouvir vozes. Uma vez peguei meu irmão discutindo com a televisão: "Você tá me entendendo? Você tá me entendendo?".

Não, pior que não. Se fosse, teria sido mais fácil talvez. Mas eram sempre passamentos rápidos. Intensos, mas rápidos. E raros, porque era isso, não era toda hora que ele surtava, o que não melhorava a situação, foi aquilo que eu disse, a gente demorou a se dar conta do tamanho da parada. Quando a gente viu, a casa já tinha assimilado o comportamento dele como algo, não digo exatamente normal, mas como algo. Que se acreditava passageiro talvez.

Lembro claramente de tirar sarro do meu irmão. Aos poucos comecei a perceber, não sei se é perceber a palavra, não foi um processo inteiramente consciente, aos poucos eu acho que comecei a sentir uma instabilidade que perturbava o ambiente dentro de casa. Mas demorei pra entender o que era. Achava que podia ser minha mãe. Eu via uma transformação física nela, uma transformação lenta, sutil, mas constante, sempre meio casmurra, rosto sempre de cortina baixa, densa, cada vez mais uma mulher densa, o que me trazia de volta aquele período pesado da depressão pós-morte. Uma hora fiz força pra entender o que se passava com ela e aí percebi que o que se passava com ela na verdade era meu irmão. Já está cheirando, não é? Deixa eu ver, acho que já dá pra tirar do forno. Vamos montar a mesa lá na varanda. É tão raro São Paulo com essa madrugada morna nessa época, e essa lua.

A gente viu que o negócio era sério a partir do momento em que ele passou a chorar na mesa, durante as refeições. Numa dessas vezes, nunca vou me esquecer, ele começou a rezar em voz alta, totalmente descontrolado. Não sei se você. Acho que o único momento em que consigo me imaginar daquele jeito é num avião desgovernado.

Nesse dia, se não me engano, ainda tentei fazer alguma piadinha pra descontrair o ambiente, mas aí quem caiu no choro foi minha mãe.

A condenação definitiva, segundo ela, veio quando meu irmão começou a sair com uns carinhas, a fumar, a beber, a cheirar, principalmente a beber. Foi aí que a gente viu, que eu vi, a força do que estava comprimido ali dentro. Não tenho dúvida de que foi o álcool o que liberou toda a loucura. Porque é isso, essa merda aqui que a gente está bebericando agradavelmente nessa noite abafada, com esse piano reconfortante e melancólico ao fundo, essa maravilha que tanto prazer confere à humanidade, e Deus me dê força de nunca me afastar dela antes da hora, esse elixir aqui é um poderoso feitiço acima do bem e do mal, salvação e ruína da nossa consciência. Salvação e ruína. Quer maior poder do que isso? Consegue imaginar armadilha mais reconfortante? Apesar do meu irmão, eu não consigo.

Pra ele deve ser foda. Pra ele é foda, não tenho dúvida. Mas, porra, é difícil pra mim e pra minha mãe também.

Minha mãe chora até hoje. Menos, mas ainda. No dia em que o médico revelou pra gente a suspeita de esquizofrenia, a mulher parecia que tinha ouvido uma sentença perpétua. Não sei se tão trágica como no enterro do meu pai, mas era um desespero claramente perturbado. E mais de uma vez minha mãe conseguiu me arrastar no seu desespero, do mesmo jeito que arrastou a mim e meu irmão depois da morte do meu pai. Como se sofrer desencadeasse um motivo profundo de respeito, um jeito de conferir dignidade, ou uma tentativa de unificar a família através da dor. A tal nobreza do infortúnio. Porque, caralho, eu entendo minha mãe, entendo até o chão da minha alma o que ela quer mostrar, que sofrer é uma forma de dignidade. É um status convencionalmente reservado às pessoas de luto ou não é? Não é tão absurdo pensar isso. A questão é que, na hora em que o motor da tragédia pega, quando a máquina começa a girar, depois de um tempo você já não lembra mais o que desencadeou o processo, o que ligou o motor, o que produziu a ignição, e muito menos entende o que agora mantém o motor girando. A vida nessa hora interrompe, a vida vira uma tragédia flex. Aparentemente irreversível.

Meu palpite é que mesmo sem bebida ele desenvolveria a doença. Minha avó, mãe da minha mãe, foi assim. Minha tia foi assim. Minha tia dava ataque na rua, cara, isso era uma cena mais ou menos comum na minha infância. Então é claro que eu penso em minha mãe, criada nesse tipo de ambiente, tendo um filho com o mesmo problema.

Um tempo mais e meu irmão parou de estudar. Passava o dia no quarto e saía de casa à noite. Uma época a gente ainda tentou trazer meu irmão de volta pra realidade deixando ele cuidar do cinema junto comigo e minha mãe, coisa que ele sempre reivindicava. Dividir as burocracias foi um jeito de mostrar confiança nele, de que ele era capaz de superar o problema através do trabalho, como tinham sugerido alguns médicos. Resultado? Quando a gente viu, o cinema estava com um rombo de quarenta mil reais no IPTU. Quarenta mil reais! Diga aí. Mais uns trinta e poucos mil de internação, dá pra falar nuns setenta a oitenta mil reais de prejuízo. Na conta do cinema, na minha conta, na conta da minha mãe. Oitenta mil reais investidos em loucura! Resumo da história: não dá mais. Não dá mais, bicho. Chega. É muito sério. É o preço de um transplante.

E o que mais me assusta é imaginar que sempre pode ser pior. Que eu por exemplo posso morrer a qualquer momento e deixar minha mãe sozinha cuidando do meu irmão. Minhas paranoias têm muito a ver com isso, eu acho.

Se pelo menos desse pra isolar o problema, como se isola uma bactéria.

Por tudo isso, enfim, é que de um tempo pra cá meu irmão passou a não fazer mais efeito pra mim. E não estou vendo problema algum nisso, eu confesso. Pelo contrário. Minha consciência diz que eu fiz o que podia. Hoje tento ver meu irmão como uma estatística, e só. Se ele tem direito de achar confortável a condição dele de doente, eu também tenho. *End of hypocrisy.*

Meu irmão foi esperto, ele foi o primeiro de nós dois a entender a isenção que a doença promove. A questão, como tudo na vida, é que doença tem limite. E um dos limites pra uma pessoa deixar de ajudar alguém doente é quando essa pessoa também cai doente. Porque doença é isso, a doença exime, ela põe você acima do mundo, a doença vira um tipo de liberdade ontologicamente concedida, e eu decidi me agarrar a essa premissa.

Eu não sei se S. contou pra você mas há mais ou menos dois meses eu recebi o diagnóstico de síndrome do pânico. Foi depois de um piripaque sério que me deixou quase quarenta e oito horas no pronto-socorro do Samaritano fazendo exames pra descobrir o que era aquela minha dor no peito, aquela sensação de sufocamento, eu cheguei ao hospital suando gelado, S. que me levou lá. Uma coisa horripilante! Horripilante! Eu nunca tinha sentido nada parecido na vida. No final não encontraram nada, aí me mandaram pra porra de um psicólogo, que fez o diagnóstico numa única conversa. Resumo da ópera: um Olcadil 2 mg toda noite é o nome do meu atual balão de oxigênio.

Eu não vejo isso como uma coisa boa, obviamente. Nenhuma sensação de morte pode ser boa. Mas eu logo entendi que isso também poderia me servir como um salvo-conduto em relação a meu irmão. Todos doentes, todos livres.

Um dia desses, estou falando de umas duas semanas atrás, minha mãe me disse que estava decepcionada comigo. Decepcionada com essa minha indiferença, essa minha ataraxia, pra usar um termo filosófico que me parece adequado ao meu caso. Que meu irmão vai ser meu irmão pra sempre, que eu não posso ignorar a tragédia dele simplesmente porque ele vai continuar sofrendo apesar da minha indiferença, isso tudo minha mãe dizendo pra mim de um jeito firme, bem dura mesmo, como fazia muito tempo eu não via.

Mas acho que nem isso me toca mais. Escuto, entendo, mas não me movo.

Ao mesmo tempo, eu sei que já desisti do meu irmão algumas vezes e que depois voltei atrás, senti pena.

Mas não gostaria que acontecesse de novo. Não gostaria que meu irmão aparecesse pedindo mais uma vez ajuda e eu mais uma vez cedesse, e eu mais uma vez pendurasse minha vidinha no varal, por mais medíocre que ela seja. Meu trabalho, minhas distrações, meus prazeres, raros, mas prazeres. E tudo em nome do irmão, em nome do pai, da mãe, da família, do amor, do caralho, se bem que em nome do caralho sempre dá pra pensar.

Não sei. Ainda devo levar um bom tempo pra entender o que meu irmão representa pra mim. Porque eu gostava dele. Enquanto esteve tudo bem, a gente era apegado um ao outro. Depois que meu pai morreu é que as coisas viraram. Mas lembro ainda hoje de um sonho que tive com ele lá pelos meus treze anos, eu comendo a bundinha dele. Não sei no que isso deu.

Sinceridade tem sido um tema importante pra mim ultimamente. Fico pensando que talvez fosse interessante eu me isolar por um tempo pra tentar absorver tudo isso. Porra, porque não dá. Eu não posso adoecer junto com eles. Bicho, se alguém da sua família estiver doente, cara, ajude, mas não adoeça junto. Família não é isso, família não pode ser isso, e note que esse é o depoimento de alguém que cresceu sem saber o que é uma família sem um contexto de doença.

Meu irmão invariavelmente bebe nos dias seguintes às altas dele. Sempre foi assim, desde o início. Passa alguns dias tentando segurar a onda e depois estoura de novo. E aí lá vamos eu e minha mãe mais uma vez cuidar do moço até que uma hora a gente desiste e leva ele de volta pra clínica.

Eu demorei pra perceber essa gangorra em que todo mundo estava metido.

E isso aconteceu, eu vou dizer, eu me dei conta desse jogo precisamente na noite de 24 de dezembro passado, também conhecida por alguns como a luminosa noite de Natal.

Eu realmente não queria que a conversa tivesse ido por aí, mas enfim.

Porque é isso.

Segundo semestre geralmente é época de internação lá em casa. Faz alguns anos que é assim. Na véspera do último Natal, como sempre, meu irmão recebeu alta pra passar o fim de ano em casa. Então mais uma vez lá fomos eu e minha mãe pegar a estrada de manhã cedinho, ainda escuro, pra cruzar duzentos e cinquenta quilômetros, chegar na clínica, aquela coisa suntuosa, fonte na entrada, jardins floridos, *birds singing a song*, cãezinhos de hóspedes alegremente soltos, soltos, eu digo, os hóspedes, não os cãezinhos, aquele teatro de sempre com os médicos, ouvir o doutor Fulano dizer que meu irmão está progredindo, e blá e blou, e receber a mala da mão de um enfermeiro, e esperar pelo sujeito na recepção da clínica, e acolher o sujeito, e abraçar o sujeito, e levar o sujeito pelo braço até o carro, e pegar a estrada, e dirigir duzentos e cinquenta quilômetros de volta, e fazer parada prum bucólico almoço em família em algum restaurante de beira de estrada, e voltar pra cidade, e aí mais outra história em casa, e ajudar minha mãe a alimentar o sujeito, a dar banho no sujeito...

Acho que eu não.

Pra encurtar a história, a cena final sou eu dirigindo, à noite, noite de Natal, esvaído em lágrimas, chuva intensa na estrada, luzes de farol no meu rosto, imagine uma cena bem clichê, e meu irmão no banco de trás, desmaiado, encharcado de bebida, aquela respiração acre impregnando o carro, eu e ele a caminho da clínica.

O que me tranquiliza é o seguinte: ele vai morrer, eu vou morrer, vai todo mundo morrer, e aí o sofrimento acaba. E aí a gente vê o que dá pra salvar, o que dá pra ser salvo. O que não tem remédio, remediado está, como diz minha mãe.

Desculpa.

Se tivesse uma câmera ligada essa era a hora do zoom no rosto.

Obrigado pelo silêncio.

PRIMEIRA CARTA

Meu bem, meu bebé, meu benzitcho,

não tenho câmera ou gravador para provar o que vou dizer. Por isso, é necessário que você me procure cuidadosamente e faça o que eu não pude fazer para chegar à verdade. Eu disse cuidadosamente. É necessário que você traga documentos que provem cabalmente que é uma pessoa dotada de alta moral. Os fatos que vou revelar são uma violação espantosa dos direitos humanos. Fala-se muito no Brasil em interdição nos hospitais por falta de higiene. Por que não fecham este? É estranho, não? Há dois meses, colocaram no terceiro leito da enfermaria, onde eu me encontro, o paciente D.G. Um dos pés desse paciente, em vez de dedos, só tinha pus. Esse homem tem hábitos estranhos. Todos os dias às seis da manhã ele se levanta e caminha (sozinho) até o banheiro onde toma banho (sozinho) e retorna (sozinho) para o quarto. O mesmo não sucede quando o infeliz satisfaz suas necessidades. Todos os dias, especialmente antes das sete da manhã, e também de madrugada, ele urina e defeca nos lençóis, tira fezes do orifício anal e coloca na boca, rosto etc. e depois, sem sequer lavar as mãos, se enrola no lençol. O mau cheiro é horrível. O pior é quando ele faz isso depois da meia-noite, na hora em que a televisão já está desligada. As auxiliares de enfermagem, que geralmente dormem de meia-noite às cinco da manhã, levam cerca de duas horas para dar banho nele, mudar lençóis etc. A urina no chão continua fedendo, mesmo porque, ao caminhar, as auxiliares de enfermagem espalham o mijo com seus sapatos amarelos. Note que logo que chegou ele ia ao banheiro às seis horas da manhã e tomava banho sozinho. Quando lhe perguntam por que não defeca na latrina, ele xinga os (as) auxiliares de enfermagem com palavrões. Ele me xinga também, apesar de eu não dizer nada. Entretanto, quando ele não está defecando na cama ou no chão nem fazendo nada de errado, um auxiliar de enfermagem chamado F.P., só pelo prazer de torturar, entra na enfermaria 207 e xinga o sr. D.G. com vários palavrões, aplicando-lhe tapas e pequenos murros. Dona G.F., a senhora que, há muitos anos já, a diretoria pôs aqui na segunda ala de sócios para ser uma espécie de pega-boi, já viu isso várias vezes, pois esse fato se repete quase todos os dias do ano. Mas ela não toma providência alguma, pois gosta muito do auxiliar de enfermagem F.P.. Toda noite às oito horas, as auxiliares de enfermagem colocam na mesinha dos pacientes os remédios que eles devem tomar. Certa noite não colocaram o meu. Quando fui dormir, às dez horas mais ou menos, fui pedir o remédio. O auxiliar de enfermagem F.P. veio com estupidez, dizendo que eu não tinha nada que pedir remédio, e indagou se eu estava procurando briga! Como se não bastasse, no dia seguinte, dona G.F. veio abanando o livrinho dos estatutos, dizendo que ele não permitia que eu maltratasse funcionários! O segundo paciente do 207, M.M., em vez de urinar nas latrinas como faz várias vezes durante o dia e de madrugada, às vezes prefere fazê-lo na cesta de papéis que fica debaixo da cabeceira da cama dele. O mau cheiro é horrível, e eu é que sofro porque o vento da janela sopra na direção da minha cama, a primeira. Outra coisa: embora não seja louco, o senhor M.M. às vezes anda nu pelo corredor, outras vezes só de cueca, inclusive para tomar o café da manhã e almoçar. Como dona G.F. gosta dele também, não toma providência alguma. Já mostrei isso a várias enfermeiras-chefes, como dona R.C., dona S.G. etc. Também não adiantou. No nosso sanitário, usado também pelas auxiliares de enfermagem, auxiliares de limpeza etc., várias vezes elas defecam em cima da tábua da latrina, na borda da latrina e por fora dela.

Outras vezes defecam embaixo do chuveiro. Outras vezes ainda etc. (Falei isso com outros diretores, mas jamais tomaram nenhuma providência.) Como já disse, só depois de obter provas com microcâmeras, gravadores etc. (isso é outra coisa que você precisa trazer) esses fatos poderão vir a público. Caso contrário, alguns diretores se aproveitarão para me aplicar algum tipo de punição (a não ser que eu morra "misteriosamente", como tem sucedido com alguns pacientes...). Há alguns meses, quando o senhor A.C.F. tomou posse como presidente, tentei falar com ele por alguns minutos para denunciar os erros que existem aqui. Ele disse que não tinha tempo para falar comigo. Embora quase todos os dias do ano passe pelo menos uma hora conversando futilidades com o paciente T.C. (enfermaria 201, leito 2). Esse paciente, judeu, casado, com um filho policial e uma filha que está com uma ferida grande numa perna, é interno da casa desde 1983. Embora o médico diga que ele só vai ficar bom quando parar de caminhar, e embora a comida dos pacientes deva ser distribuída pelas copeiras, "misteriosamente" dona G.F. o promoveu a garçom. Quando, por exemplo, leva uma baixela de comida com uma pera em cima para uma paciente do hospital, o sr. T.C. entrega só a comida. A pera, ele carrega para o quarto dele. Faz o mesmo com vários outros pacientes. V.M., filho do dono da cantina do hospital, é testemunha disso. Várias outras testemunhas tiveram alta ou morreram "estranhamente". Apesar de haver bebedouro elétrico no salão, onde qualquer pessoa bebe direto (sem copo), esse T.C. pede copo para beber... E a copeira, tão ladra quanto ele, lhe dá um embrulho fechado com cem copos de plástico que ele leva para seu quarto... Estou cansado e fraco, por isso devo estar esquecendo vários fatos importantes. Quando tentei falar com o presidente, não sabia que ele era amigo do governador. Por isso escrevi uma carta fechada para o sr. A.C.F. Nessa carta, como sou desconfiado, não citei nome de ninguém nem fiz nenhuma denúncia. Entreguei a carta ao antigo chefe da segurança, sr. A.M., e lhe pedi que só a entregasse nas mãos do sr. presidente às seis da tarde, quando ele chegasse. Infelizmente, minha carta foi violada pelo vice-diretor da Beneficência, F.T.F., que chegou aqui gritando, ameaçando me botar para fora do hospital. Falou que, embora a carta nada dissesse, ele "sabia" que eu queria falar mal dele! (Ele estava com a carta aberta nas mãos.) Esse senhor não sabe que violação de correspondência é crime grave, passível de prisão. Falei então ao atual vice-presidente, sr. C.A.D., que conheço há vários anos e diz ser meu amigo. Este senhor evitou que eu fosse posto para fora em consequência do que escrevi na carta violada pelo senhor F.T.F. Quando pergunto por que nada fez contra o vice-diretor clínico, o sr. C.A.D. diz que não tem apoio da maior parte da diretoria… Escrevi então outra carta, fechada, para outra pessoa, que também há vários anos diz ser meu amigo, o diretor médico do hospital, sr. G.C.B. Dessa vez falei sobre a falta de higiene. Entreguei a carta pessoalmente ao dr. G.C.B. quando ele saltava do seu automóvel Santana GLS *chupando picolé. Dessa vez, não houve problema. Ele disse que leu, achou muito objetiva, inteligente etc. Como essa carta não dizia tudo, escrevi outra, também fechada e também endereçada ao dr. G.C.B. Ele estacionou no mesmo lugar, perto da capela, mas não sei por que motivo demorou um pouco para receber essa segunda carta das minhas mãos. Eu estava de costas para o hospital e, quando ele finalmente recebeu a carta, dona G.F. veio por trás de mim e tirou a carta das mãos dele. Essa senhora berrava comigo dizendo que eu não tinha o direito de entregar carta a médico algum! Ela abriu a carta e a levou embora. Apesar de ser diretor médico do hospital, e ela apenas uma funcionária, o dr. G.C.B. nada disse nem esboçou reação alguma contra essa violação fantástica, fenomenal, estupenda de correspondência, feita inclusive com ignorância. Por atos assim, alguns brasileiros dizem que o Brasil não tem jeito. Quem se atreve a falar a verdade no Brasil é imbecil ou louco, por isso imbecil é que não sou. Meu irmão e minha mãe são testemunhas de que estudei durante quinze anos num excelente colégio, conseguindo inclusive o primeiro lugar no concurso de poemas da terceira série com uma poesia sobre as atrizes de cinema Rita Hayworth, Sophia Loren, Greta Garbo e Gina Lollobrigida. Pena que ainda não tinha a Scarlet Johansson naquela época, porque ela é uma que merece um poema, com aqueles lábios que nem de longe lembram o horror que é a cara de dona G.F. Outro fato grave: durante anos, vários (cinco) auxiliares de enfermagem exigiam dinheiro dos pacientes quando eles tinham de tomar uma injeção na veia, por exemplo. Se o paciente pagava o exigido, a injeção era bem aplicada. Se não, ou o ou a auxiliar de enfermagem começava errando nos dedos e ia assim até o cotovelo. Essa prática continua até hoje. Às vezes, esses auxiliares insistem que participemos de bingos nos quais jamais somos sorteados. Infelizmente, como já disse, não possuo filme nem gravação para provar o que digo. Por isso, todo cuidado é pouco. Se você chegar aqui sem provas, eles me põem para fora do hospital. Portanto, você precisa arrumar um jeito de passar pelo menos uma semana aqui comigo para descobrir que eu falo a verdade. Um fato importante que ia esquecendo: há alguns anos o comerciante italiano E.F. foi assaltado levando pancadas na nuca. Ele foi internado, mas, em vez de melhorar, foi ficando abobalhado e irritado. Sob as vistas e a aprovação de dona G.F., o paciente-garçom T.C. amarrava os pés e os pulsos desse pobre italiano com tal brutalidade que os pulsos sangravam como os pulsos de Jesus Cristo e eu lembrei do meu irmão e da minha mãe, mas eu sei que eles não vão me ajudar, porque a única coisa que eles fazem é me internar porque eu bebo, e eu bebo, então pensei em você, meu bebé, saudade. Por tudo o que sofri aqui, seria justo pedir uma indenização de uns vinte milhões de dólares, embora não haja dinheiro no mundo que pague a violação do mais elementar dos diretos humanos que é o de não ter o saco enchido.*

Amor.

P.S.: Eu atingi o máximo. Choro enquanto escrevo. Sinto piedade de mim. Eu estou cansado. Eu já não tenho muito a dizer. Eu estou desesperado. Agora já penso ser outro que pensa em mim. Não quero que ninguém sinta piedade e pense que estou louco. Eu não estou louco, apenas quero sair de mim como meu coração quer sair de mim neste exato instante. Eu não tenho mais fôlego, eu não tenho mais idade pra me aguentar, eu estou caindo. Eu estou cansado, bastante cansado. Minha mão treme e formiga, a dor é tanta que a paz se instala, a água se acalma, finalmente, como se um furacão que parecia de passagem resolvesse se instalar de vez. Definir é sempre bom. Bebé, vem me buscar.

SEGUNDA CARTA

Caro A.,

sopro esta vela não porque é meu aniversário. A dor da morte de um pai é maior que a felicidade do próprio nascimento, foi o que sempre ouvi de minha mãe, e se ainda hoje mantenho o hábito de acender uma vela pra ele no dia em que nasci, hábito que, é bom que se diga, sempre foi contra minha vontade, eu o faço unicamente porque minha mãe insiste, a despeito de tudo o que já ouviu de mim na vida, em viver como se nada depois daquele dia, nada depois daquele interminável dia tivesse força suficiente pra fazê-la sepultar a morte do marido.

Hoje faz vinte e oito anos que meu pai está morto. Nunca o perdoei por ter morrido no dia do meu aniversário de onze anos. Temo que nunca vou perdoar minha mãe por ela não ter permitido que eu e meu irmão exumássemos nosso luto, que nunca deixássemos o tempo transformar nosso pai em lembrança – às vezes feliz, às vezes vaga, às vezes doída, mas lembrança, meramente lembrança, sem a necessidade de interromper o circuito, feito aquelas lampadinhas de Natal em que uma queimada compromete todo o resto. (Acabei de lembrar de um sonho antigo: eu, minha mãe e meu irmão, os três resignadamente agarrados num galho, mergulhados na areia movediça até o umbigo. Você vê que não há muito a ser interpretado aí.)

Reflito sobre tudo isso em frente a esta vela cuja chama embaralha as sombras deste quarto de hotel (precisei acendê-la porque, como ontem e anteontem, faltou luz de novo por aqui). E acho curioso que venha justamente do meu irmão o movimento que, ao que parece, começa a nos içar do pântano existencial em que – eu ia dizer em que nossa mãe nos meteu, mas talvez seja uma conclusão injusta da minha parte já que meu irmão e eu sempre aceitamos o jogo, mais honesto talvez dizer – do pântano existencial no qual estivemos enfiados nos últimos vinte e oito anos, e me desculpe se insisto na efeméride.

Devo confessar que não tinha entendido muito bem o impulso que me fez pegar papel e caneta e começar à luz de uma triste vela esta forma anacrônica de correspondência. A falta de energia e a bateria do laptop descarregada, você me diria. Mas não. O que me levou a escrever esta carta, percebo agora, foi uma urgência em tentar dar alguma ordem a essas sombras no fundo da minha caverna. (Falar, escrever é roteirizar o próprio drama, é libertar a vida do que a aprisiona. Por isso o cinema é a mais volátil das artes.)

Por onde começar?

(Pausa pra mijada. Vou precisar levar a vela.) (Voltei.)

*Vou tentar seguir a ordem dos fatos desde nosso último encontro, lá em casa. Quatro dias depois da nossa última conversa, há exatos sete meses, minha mãe me ligou pra avisar que meu irmão tinha fugido novamente da clínica. (Eis aqui, adianto, o motivo pelo qual não retornei seus e-mails, mensagens, telefonemas, recados via S.). Meu irmão fugir, até aí não havia novidade. A diferença naquele telefonema da minha mãe, aquilo que me fez desmarcar imediatamente os compromissos da semana e pegar a estrada no mesmo dia pra **, era que dessa vez havia uma entonação, uma profundeza como havia muito eu não percebia na voz da minha mãe, ela que passou a vida inteira (pelo menos a minha vida inteira) tentando manter na superfície a personagem que criou pra si.*

Segundo o relato do diretor da clínica, meu irmão conseguiu fugir depois de amarrar na cama a enfermeira do turno da madrugada. A moça foi encontrada pela manhã, amordaçada, inteiramente nua sob os lençóis – detalhe mais cho-

cante pra minha mãe do que o fato de ela estar amarrada e amordaçada. Mais tarde eu saberia que meu irmão e essa enfermeira chamada Cecília mantinham um affair dentro da clínica fazia já algum tempo.

Foi a voz de minha mãe ao telefone que me acendeu uma luzinha amarela, eu estava tranquilo em relação ao sumiço do meu irmão. Nessa como em todas as outras fugas, bastava, acreditei, ficar de prontidão pra hora em que ele, geralmente três ou quatro dias depois, aparecesse na fila do cinema como um espectador qualquer, só que bêbado e sujo, ou então que alguém nos ligasse dizendo que o tinha visto dormindo na rua ou quebrando algum boteco da cidade.

No instante em que pus o pé em casa, no entanto, minha mãe, que estava sentada na mesa da cozinha, nem esperou que eu colocasse a mochila no chão pra dizer: "Ele não volta". E depois deixou claro a missão que me aguardava pela frente: "Agora quem precisa de ajuda sou eu".

"Ele não volta." "Agora quem precisa de ajuda sou eu." Essas foram as duas últimas frases pronunciadas por ela antes de mergulhar novamente no buraco negro que eu nem lembrava que conhecia tão bem. A diferença, dessa vez, era que não haveria dona Nair pra me socorrer com suas cebolas fritas. Nem meu irmão. ("Deus nunca dá a cruz se a gente não puder carregar", me disse uma vez Fátima, enquanto tirava a roupa do varal. Lembrei disso agora. O cérebro é um órgão engraçado.)

*Uma coisa que os anos me deram, além de fobias, foi um coração racional (envelhecer pode ser a cura, sempre gostei de acreditar nisso). Pela primeira vez na vida minha mãe tinha verbalizado um pedido de ajuda, e era essa a única corda na qual eu devia me agarrar. Na prática, isso quis dizer: pedir uma licença da redação, me mudar provisoriamente pra **,* *contratar alguém pra cozinhar / lavar / passar de modo que eu ficasse livre pra cuidar exclusivamente dela e da parte do cinema que cabia a ela. Não tão exclusivamente assim porque na paralela eu também tinha a missão de encontrar meu irmão – único antídoto que poderia quebrar o feitiço que mais uma vez se abatia sobre minha velha* blancanieves.

*Só isso já seria muito. Mas me mudar, provisoriamente que fosse, pra ** também significou enfrentar uma ideia que durante anos tentei manter longe dos meus pensamentos: assumir que, pelo menos por um tempo, eu voltaria a morar na casa da minha infância. E por que tentei manter essa ideia longe dos meus pensamentos? Depois de tudo o que passou acho que já consigo esboçar uma ideia.*

A impressão que tenho é que a vida vai se tornando naturalmente trágica por uma questão de acúmulo, de sedimentação. O tempo inevitavelmente nos soterra. É uma lei da física, não tem como fugir. Por outro lado, acredito que um espírito, nosso verdadeiro estado de espírito, aquele que faz você dizer "Este, sim, sou eu", se constitui sob esses escombros. Voltar pra casa onde nascemos, crescemos e engendramos uma identidade é um pouco como virar arqueólogo, ou geólogo, ou espeleólogo, da própria história. É se reapropriar de tudo o que você perdeu – e a partir daí descobrir o que restou naquele estranho no qual nos transformamos. Voltar pra casa é recomeçar de onde tudo foi interrompido. Talvez eu já soubesse disso – e fosse esse justamente o meu temor.

Mas, afinal, onde tudo foi interrompido? Foi uma pergunta que me fiz de diversos modos nos primeiros dias, enquanto passeava pela casa em silêncio, na minha pose clássica de museu, à espera de algum telefonema que anunciasse o paradeiro do meu irmão. Algo curioso que percebi nesses meus passeios. A posição dos móveis, dos objetos, a ordem dos discos, está tudo lá, do jeito que sempre esteve, como já lhe contei. Mas me dei conta de que não existe pela casa um único retrato da família à vista. Teria sempre sido assim? Pequenas percepções como essa mais o fato de dormir e acordar novamente no meu quarto, na minha velha cama, me fizeram ter muitos sonhos à noite. Sei que é um saco ficar lendo ou ouvindo sonho dos outros, mas peço licença pro registro.

Num deles, eu chegava de carro a um castelo. Lá, um grupo de teatro encenava frases ditas por pessoas da plateia. A frase que coube a mim dizer foi: "Um homem à beira de um precipício" (não lembro se precipício ou se abismo). A encenação da minha frase aconteceu no alto da torre. No fim da encenação, um ator se jogava de verdade pela janela. A plateia não sabia, mas do lado de fora havia uma equipe técnica pronta pra aparar a queda. Ele mesmo estava preso a cordas, agora visíveis. Ator e equipe voltam pros aplausos. Todos parecem comovidos com a cena que acabam de fazer. Eu os abraçava e dizia: "Vocês são artistas de verdade, vocês são artistas de verdade!".

Em outro sonho, minha casa – a de minha mãe, não a de São Paulo – estava revirada, e eu não fazia ideia de quem havia feito isso, nem por quê. Na sequência, eu caminhava por um túnel cheio de infiltrações. Acordei nesse dia com dois pensamentos, devidamente anotados: 1) "A realidade só emerge no final da última ilusão" e 2) "Todo homem é um continente em perpétuo estado de guerra". Numa das minhas últimas noites na casa da minha mãe antes de vir pra Santarém (já explico!), sonhei que estava indo feliz pra guilhotina, pensando que afinal iria dormir decentemente. Quando acordei, a moral da história era: "Viver é a pior forma de suicídio que existe".

Eram sonhos tão significativos pra mim que às vezes eu despertava acreditando ter inaugurado algum tipo novo de sentimento. Outras vezes, era como se tivesse desvendado a solução de todo o mistério. "É isso!", gritava lá do fundo, antes de abrir os olhos. Mas então eu me levantava da cama, caminhava até o banheiro, trancava a porta, tirava a camisa, tirava o short, ligava o chuveiro, esperava a água esquentar, pegava escova, pasta, entrava no banho, escovava os dentes, ensaboava o corpo, saía do banho, enxugava o corpo, abria a porta, ia até o armário, pegava cueca na gaveta de cima, vestia a calça, escolhia a camisa na gaveta de baixo, vestia a camisa, penteava o cabelo e seguia pra fazer o mesmo ritual com minha mãe antes de me sentar pra tomar café. Quando me dava conta, o mistério já estava devidamente renovado.

Sobre minha mãe, não vou me deter aqui nos detalhes, até porque cuidar de uma mãe depressiva não é algo que se possa dizer complicado. No caso da minha, pelo menos, é comida e banho, basicamente. O resto é sono. A comida coube – com muita competência, fica aqui o registro – a Damiana, indicação de uma amiga da minha mãe (um dia pedi que Damiana preparasse pra mim um sanduíche de cebola frita em homenagem a dona Nair, pra você ver que até as tragédias têm seu quê nostálgico). O banho coube a mim – e quanto a isso a única coisa que posso dizer é que espero ainda pelo dia em que enxergarei alguma beleza num corpo velho.

Assim se passou a primeira semana lá em casa. Assim se passou a segunda. E a terceira. E nada do meu irmão dar sinal de vida. Ainda na primeira semana eu tinha pedido ao diretor da clínica que acionasse outras instituições localizadas num raio de quinhentos quilômetros pra que avisassem caso aparece um paciente com as características do meu irmão. Mas o diretor me pareceu mais interessado na conta que devíamos do que no paradeiro do paciente. Até aí, nada errado. Tampouco pra mim a ausência de meu irmão era o cerne do problema. Na verdade, a ausência dele significou exatamente o contrário. Enquanto ele esteve sumido, posso dizer que experimentei uma trégua secreta, como nunca dantes. A questão era: se a presença do meu irmão representava minha doença, ela representava também a semente de saúde que minha mãe precisava pra sair da sua condição enferma – o que, em última instância, me libertaria pra retomar minha vida. Resumindo, meu querido irmão havia conseguido um feito que poucos até hoje conseguiram: ser o problema e ao mesmo tempo a solução. Ruína e salvação.

*A falta que faz o amor de um pai. A falta que faz o amor de um pai. Ommm. Em algum momento da minha vida eu transformei essa ideia num mantra pra impedir que o ódio que alimento por meu irmão transbordasse em atitudes, digamos, prejudiciais com pessoas que de fato importam pra mim. Mas ódio vaza, não tem o que fazer. E aqui, com um pouco menos da metade da vela ainda pra queimar, chego a uma parte crucial do meu relato. Adianto que não é intenção minha fazer um mea culpa fora de hora: não é da minha índole procurar justificativas pras merdas que faço, mas entender o que de ruim e de bom se produziu durante minha quarentena em **.*

Essa parte do meu relato poderia ter como subtítulo Ulisses, um nome que me acompanha a vida inteira e por quem posso dizer que alimento um amor fraterno que jamais me ocorreria ter por meu irmão, por exemplo, só pra ficar na comparação mais próxima. Na realidade, o subtítulo mais adequado seria: Ulisses e Renata. Não sei se contei pra você em alguma *das nossas sessões lá em casa (e a omissão, se houve, pensando agora, é um sintoma a ser considerado), mas quando tinha dezessete anos Renata engravidou de Ulisses. Pois é. A mocinha presente na primeira vez em que Ulisses e eu vimos o mar. A pequena litorânea de batom vermelho que me despertou uma paixão que eu chamaria de pueril não tivesse ela produzido em mim um desejo perpétuo pelo sexo feminino. A garota que era a cara da Malu Mader e com quem – agora nada mais me impede de dizer – cheguei a ter um namorico na juventude, nas vezes em que ela ia com os pais visitar a família de Ulisses em **.*

Escrevo namorico e é bom que eu me corrija. Dito assim, pareço subestimar o que Renata e eu tivemos. Embora tivesse um namorado oficial em Santos, em algum momento chegou a haver juras e planos e promessas tanto da minha parte como da parte dela. "Você vai ser pra sempre meu vaga-lume na noite..." é uma frase que me vem agora, dita por ela num dia de despedida, deitados na grama, de mãozinhas dadas, fofinhos, olhando as últimas estrelas da temporada (nessa época, eu ainda não sabia que o desejo exige a renúncia às estrelas). Inocências próprias da juventude, mas não por isso insinceras. Eu já lhe disse, sou um romântico incurável.

Algo importante a ser dito a meu favor – falei que não iria me justificar e aqui vou eu – é que Renata e eu nunca trepamos. Houve algumas explorações e tentativas, claro, mas sempre pairou sobre nós um bloqueio mútuo, que explicaríamos mais tarde como o resultado infeliz de uma admiração excessiva. Eu a chamava de "minha deusa" e ela me chamava de "meu Deus" quando estávamos entre amigos, não nos doía expor a devoção que tínhamos um pelo outro.

Mas então veio mais uma vez o furacão Ulisses e fez aquilo que meus pudores não me haviam deixado nem ensaiar fazer: engravidar Renata. É claro que, no choque da notícia, chegou a bater uma frustração, e um consequente ciúme, por não ter sido eu – melhor seria dizer: por não ter conseguido ser eu – o inconsequente da história. Mas logo entendi a pequena tragédia familiar que estava prestes a acontecer tão logo a notícia se tornasse pública, e até ajudei os dois no discurso pra anunciar o caso à família. Hoje, à luz de todos os acontecimentos, antigos e recentes, digo sem medo que o amor deve ser um sentimento que se soma, humildemente, sem pretensão de substituir. Passadas as naturais comoções de ambos os lados da família (choros, desesperos, ameaças, a boa e velha hipocrisia da humanidade), Ulisses e Renata se viram forçados a casar pra poder assumir a criança – Luiza, uma mocinha linda, herdeira dos melhores traços da mãe, hoje com vinte anos e vivendo perigosamente na Austrália, raptada por um tatuador.

*Foi assim que Renata se mudou de vez pra ** e, não sem algum desespero da minha parte, passou a fazer parte da única turma de amigos que consegui manter com alguma regularidade na vida. Durante muitos anos, eu me fiz uma única pergunta: como é que se abafa um amor inconcluso? E ainda pergunto: como se abafa? Não se abafa.*

*Mesmo já vivendo em São Paulo, sempre que ia a ** e me encontrava com o pessoal, Renata representava pra mim o inalcançável. E ela sempre soube disso. Toda vez que Renata pisava num ambiente em que eu me encontrasse, era como se uma corrente de ar diferente penetrasse no lugar. Ela nunca foi pra mim apenas uma presença. Renata sempre foi um par de lábios vermelhos (o batom de sempre), um par de coxas* *finas e rijas, uma risada firme, poderosa o bastante pra me deixar melancólico pelo resto da noite. Se eu me encontrava apenas com Ulisses, nossas conversas passeavam por assuntos que inevitavelmente nos levavam ao riso e à reflexão. Parecia uma amizade que nunca perderia o viço. Sempre me senti mais inteligente ao lado de Ulisses, as ideias iam em frente, fluíam livres. Mas quando Renata estava presente, não. Na presença de Renata, eu travava. E me angustiava ver como meu corpo se encolhia. Ulisses percebia tudo isso, mas nunca dizia nada. As relações são o que são – são o que cada um escolhemos construir.*

*Até aí tudo sob controle: eu em São Paulo, eles em **, encontros esporádicos e quase sempre oficiais, em companhia de outras pessoas. Mas então meu irmão desaparece, minha mãe pede ajuda e eu me vejo forçado a desfrutar de um delicioso período sabático em **. Foi quando fiquei sabendo por Ulisses que Renata passava por uma crise profissional relativamente séria que, somada com a distância da filha, com a morte do pai no ano anterior etc., começava a vazar pra relação do casal. Agora o turning point. Há cerca de um mês, Ulisses precisou viajar pra participar de um congresso médico (não vou dizer a especialidade) fora do Brasil. Na véspera do embarque, ele me contou que havia tido uma discussão pesada com Renata e pediu que eu ficasse por perto, caso ela precisasse de algum tipo de ajuda. Com meu irmão ainda sumido e minha mãe estabilizada em casa, achei que ficar de olho em Renata podia ser um refresco pras minhas retinas fatigadas. Ainda mais com aval do marido – e não qualquer marido.*

Pra minha surpresa, talvez na esteira de uma libertação completa e profunda que o desaparecimento de meu irmão havia promovido em mim, em nenhum momento me senti tolhido pela presença de Renata nos dias em que Ulisses esteve fora. Todo fim de tarde eu passava na casa deles a pé e a carregava pra tomar um café ou um chope na praça ou simplesmente caminhar pela cidade. Depois de anos bloqueada, nossa conversa voltava a fluir. Éramos dois amigos que se reencontram depois de quinze anos, como quem acorda de um longo coma. Relembramos histórias, revelamos segredos, repartimos tragédias, rimos delas, sobretudo. Renata e eu trocamos tanta inocência que, infelizmente, em pouco tempo passou a representar pra mim uma frustração a ser eliminada.

Tenho consciência de que carrego ao mesmo tempo um quê de neurótico e de perverso. São duas forças que sempre travaram batalhas constantes dentro de mim. Penso no meu lado neurótico como aquele que tem medo de realizar e, por não realizar certas coisas, somatiza. Meu lado perverso, não. Meu lado perverso, bem ou mal, realiza. Ao contrário do meu eu neurótico, meu eu perverso não descansa enquanto não encontra um objeto que instigue sua fome. O que tranquiliza meu lado perverso é saber que o desejo nunca se completa. O desejo é minha pedra de Sísifo. Toda penitência pra mim, no fundo, tem sua dose de prazer.

Por tudo isso, não sinto culpa pelo que fiz. Sinceramente, não acho que deva sentir culpa por ter convidado Renata pra ver um filme lá no cinema numa noite em que excedemos nossa dose diária de chope (o dia estava particularmente quente). Tampouco sinto culpa por tê-la convidado pra uma sessão extra de whisky and joint *na sala de projeção, depois da última sessão. A essa altura do jogo, não existem mais inocências, certo? Renata e eu nos merecíamos fazia tempo. E foi delicadamente lindo. Foi lindo porque enterramos aquele endeusamento e nos tornamos deliciosamente humanos.*

Eu só não esperava de verdade que ela contasse tudo a Ulisses. Não falo do detalhe da calcinha de Renata que vesti e na qual, pra certo espanto dela, esparramei todo o meu ser, mas dos filmes pornôs em super 8 que projetei no seu corpo, no chão da sala de projeção. Tenho certeza de que foram os filmes, e não precisamente Renata, o motivo que levou o punho cerrado de Ulisses a arrebentar dois dentes meus, no saguão do cinema, na hora mais lotada. A única coisa que me admira nisso tudo é a capacidade que as pessoas têm de exigir dos outros o que elas próprias não conseguem cumprir. Ulisses nunca se furtou a me contar as trapaças conjugais que manteve ao longo de todos esses anos com outros homens, e Renata sempre soube disso. Por isso, me surpreendi com a reação de Ulisses. Mas não guardo rancor. Tampouco me arrependo de alguma coisa. Concordo com Chateaubriand, o Assis: ser prudente é, antes de tudo, ser medíocre.

Mas então vem uma dessas benesses que a vida de vez em quando nos concede, como uma trégua pro seu jogo sujo. Dias depois do escândalo que terminaria mobilizando a turma toda, me jogando num gelo ártico coletivo (as aldeias e seus falsos moralismos), estou eu tranquilamente em casa limpando a bunda da minha mãe quando toca a campainha. Abro a porta e dou de cara com uma moça, branquinha, baixinha, lábios pequenos e pálidos, maçãs do rosto proeminentes, olhinhos quirguizes, delicadamente repuxados, seios que num rápido relance calculei do tamanho da minha mão. Fico olhando pra ela e ela não me diz nada, nem quem é, nem por que está ali. Só me entrega uma carta.

A carta era do meu irmão – essa cuja cópia mando anexada pra você conhecer um pouco da natureza do indivíduo. A letra no envelope não era dele, mas a da carta, sim. Trazia carimbo de Santarém e estava endereçada a Cecília, a enfermeira com quem ele tinha um caso – a moça que agora estava ali na minha frente com seu vestido campestre azul florido, mochila nas costas e sandalinhas de couro. Ela estava pronta pra resgatar meu irmão e queria que eu fosse com ela.

E agora aqui estou eu em Santarém escrevendo esta carta pra você enquanto Cecília dorme ao meu lado. Ainda não entendi muito bem o que ela quer de mim. Muito menos sei dizer se é dó ou amor o que sinto por ela. Sempre tive a sensação de que precisava de uma mocinha mais nova que eu, que fosse bonitinha, tranquila, dona de uma inteligência natural e com noção de primeiros socorros. Cecília é tudo isso e um pouco mais: é enfermeira de formação. Ela nunca me pede nada, nunca faz perguntas e ainda tira minha pressão. E seu passatempo predileto é fazer origamis.

É o que ela mais tem feito desde que chegamos a Santarém, há quase uma semana. Amanhã, finalmente é dia de visita no hospício em que meu irmão se encontra. Cecília trouxe uma câmera, como meu irmão pediu, pro caso de todas aquelas denúncias que ele faz serem verdade. Eu também trouxe minha mãe comigo. Enquanto escrevo esta carta, ela e Cecília dormem. Ainda não tivemos muita chance de passear pela cidade, mas já notei que os ares daqui são bons. A temperatura nessa época do ano é amena o suficiente pra manter o saco pendurado (confesso meio fora de hora que não existe sensação mais chata pra mim do que saco enrugado).

Vamos ver no que dá a visita de amanhã. Se as coisas não estão muito boas aí embaixo (minha chefe agora ameaça me demitir caso eu não volte pra redação ainda este mês), quem sabe não ficamos um pouco mais por aqui. Ontem, de brincadeira, até andamos vendo casa pra alugar nos classificados.

Mas não é brincando que se fala sério? A venda do cinema daria uma boa grana. Quem sabe nem precise me desfazer do cinema, mas arrendar. Enfim, questões pra mais adiante. A vela já vai acabar e ainda quero aproveitar as últimas horas do meu aniversário pra ler um pouco antes de dormir. Aliás, no impulso dos preparativos joguei na minha mochila A montanha mágica, *e acabo de lembrar que nunca li pra você a frase que usaria como epígrafe ou epitáfio, o que vier primeiro.*

Pois aqui vai como uma fraterna despedida e também como uma forma de agradecer toda a sua paciência:

Será que também da festa universal da morte, da perniciosa febre que ao nosso redor inflama o céu desta noite chuvosa, surgirá um dia o amor?

© Cosac Naify, 2014
© André Viana, 2014

COORDENAÇÃO EDITORIAL Marta Garcia
ASSISTENTE EDITORIAL Ana Martini
PREPARAÇÃO Leny Cordeiro
REVISÃO Rafaela Biff Cera e Cristina Yamazaki
PROJETO GRÁFICO Flávia Castanheira
PRODUÇÃO GRÁFICA Aline Valli

Nesta edição, respeitou-se o novo Acordo Ortográfico da Língua Portuguesa.

Dados Internacionais de Catalogação na Publicação (CIP)

Viana, André [1974-]
André Viana: O doente
São Paulo: Cosac Naify, 2014.

ISBN 978-85-405-0612-1

1. Ficção brasileira I. Título

821-134.3 (81) CDD 869

Índice para catálogo sistemático:
1. Ficção: Literatura brasileira 869

COSAC NAIFY
rua General Jardim, 770, 2º andar
01223-010 São Paulo SP
cosacnaify.com.br [11] 3218 4444
atendimento ao professor [11] 3823 6560
professor@cosacnaify.com.br

Projeto realizado com o apoio do Governo do Estado de São Paulo, Secretaria da Cultura, Programa de Ação Cultural 2013

#LBR29538
O doente

fonte Whitman
papel Pólen bold 90 g/m²
impressão Loyola